嘘と迷信のないフランス菓子教室

◆

一人で学べる
とびきりのおいしさの
ババロアズ

イル・プルー・シュル・ラ・セーヌ

弓田 亨／椎名 眞知子

ごあいさつ

1970年、大学卒業後、熊本のお菓子屋『反後屋』に入る。後、東京『ブールミッシュ』工場長を経て1978年に渡仏。パリの『パティスリー・ミエ』で研修し、その後大きな示唆を与え続ける生涯の友、ドゥニ・リュッフェル氏（『パティスリー・ミエ』のシェフパティシエ）と出会う。翌年帰国。青山『フランセ』、自由が丘『フレンチ・パウンド・ハウス』工場長を務め、1983年、再び渡仏。半年の研修の後帰国し、1986年『ラ・パティスリー　イル・プルー・シュル・ラ・セーヌ』を代々木上原に開店。1995年、代官山に移転。現在もフランス菓子教室で教えるとともに、全国での技術講習会、海外での食材探しなど、真実のフランス菓子のおいしさを追究している。

主な著書
「Pâtisserie française その imagintion I」
「Pâtisserie française その imagintion II」
「少量でおいしいフランス菓子のためのルセットゥ」1〜6巻
「五感で創るフランス菓子」
「新シフォンケーキ　心躍るおいしさ」
「ごはんとおかずのルネサンス」
「イル・プルー・シュル・ラ・セーヌのおせち38品」
（全て弊社刊）

皆さんは家庭でのお菓子作りはとても難しく、ましてやお菓子作りが上手になれることなどありはしないと考えておられませんか。
敢えて私は言いますが、それは今貴方が手にされている様々のお菓子作りの本が、正しい作り方を教えていないからです。
間違った作り方ではどんなに長い間、お菓子作りを続けたとしても、決して上手に、ましてやおいしいお菓子を作れるようになることはできません。
私達のお菓子作りの技術、考え方は、二十年近くの間、二千人近い生徒さんとの実践の中で、誰にでもできる平易で簡明なものとして築き上げられてきました。
つまり、経験のないお菓子作りの下手な人を基準として、器用さや才能など必要としない、誰にでもできる技術を築き上げてきたからです。
これがこの本の全てなのです。
家庭で一人で学べ、そして確実にプロ以上においしいお菓子が作れるようになる、恐らく、この日本では唯一の本であると私は自信を持って言うことができます。
まずは試されて下さい。今までと本当に違った新しいお菓子作りと、おいしさの世界が貴方がたを待っています。

今回はババロアの作り方をお届けします。
目の覚めるような様々のババロアのおいしさを心から味わって下さい。
そしてやがては、更に心沸き立つ味わいの世界を見つけに、私達のお菓子教室へおいで下さい。

弓田　亨

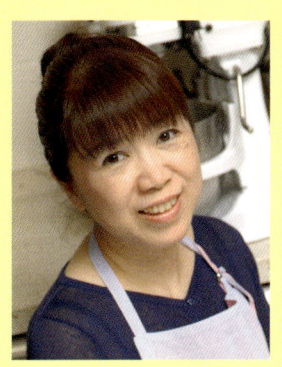

1987年、フランス国立高等製菓学校で研修。その後『イル・ブルー・シュル・ラ・セーヌ』フランス菓子教室に通い、1995年から教室スタッフに加わる。翌年渡仏し、パリの『パティスリー・ミエ』、『レストラン レ・ジョルジック』他で研修。1998年『スーパーJチャンネル』(テレビ朝日)にレギュラー出演。現在、『イル・ブルー・シュル・ラ・セーヌ』フランス菓子・料理教室主任を務める。イル・ブルーのできるだけ易しいルセット作りに日々取り組み、優しい笑顔とやわらかな物腰で、多くの生徒の方々に本物のおいしさを伝え続けている。

主な著書

「焼き菓子教室」
「生菓子教室」
「トレトゥール教室」
「5つの混ぜ方焼き菓子36」
(共に柴田書店刊)
「ごはんとおかずのルネサンス」
「イル・ブルー・シュル・ラ・セーヌのおせち38品」
(共に弊社刊)

この本の特徴は、とにかく簡単に、しかもおいしいお菓子を家庭で作るための確かな技術を分かりやすく説明していることにあります。あいまいな表現をせず、明確な作業手順の説明をと心がけました。季節ごとのティー・パーティや、折々のアニバーサリーに開かれるホーム・パーティのためにイル・ブルー・シュル・ラ・セーヌのとっておきのお菓子をお届けいたします。胸の弾むような、心の暖かくなるようなお菓子作りに是非トライしてみてください。きっとでき上がったババロアの今までにないおいしさに、あなたもまわりの方々も幸せな気持ちになることでしょう。

椎名 眞知子

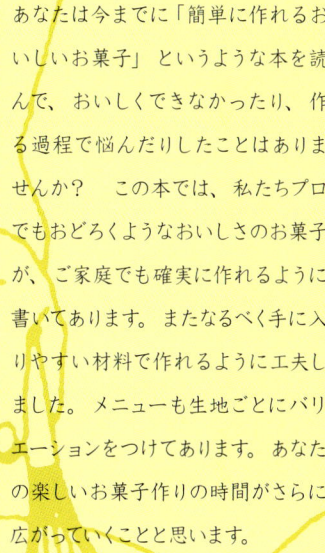

あなたは今までに「簡単に作れるおいしいお菓子」というような本を読んで、おいしくできなかったり、作る過程で悩んだりしたことはありませんか？ この本では、私たちプロでもおどろくようなおいしさのお菓子が、ご家庭でも確実に作れるように書いてあります。またなるべく手に入りやすい材料で作れるように工夫しました。メニューも生地ごとにバリエーションをつけてあります。あなたの楽しいお菓子作りの時間がさらに広がっていくことと思います。

吉川 和男

1990年、『イル・ブルー・シュル・ラ・セーヌ』入社。1995年『パティスリー イル・ブルー・シュル・ラ・セーヌ』代官山移転時、初代シェフを務める。1998年、この本の発刊に際し、シェフパティシエとして菓子製作を行う。現在は、千葉・御宿『パティスリー ディアンヌ』でオーナーパティシエを務めている。

パティスリー ディアンヌ
千葉県夷隅郡御宿町須賀464-1
TEL 0470-68-8989
営業時間 9:00～20:00（水曜定休）

目次

- 2　ごあいさつ
- 5　お菓子を作る前に
- 6　器具
- 8　材料
- 12　技術
- 18　BAVAROISE / ババロア
　基本のババロア
- 20　GÉNOISE / ジェノワーズ
　基本の生地　ジェノワーズ
    - 22　ORANGE / オランジュ
　オレンジのケーキ
    - 26　FRUIT DE LA PASSION / フリュイ・ドゥ・ラ・パスィオン
　パッションフルーツのケーキ
    - 30　FRAMBOISES / フランボワーズ
　フランボワーズのケーキ
    - 34　TROPIQUE / トゥロピック
　パイナップルのケーキ
    - 38　ABRICOTIER / アブリコティエ
　杏のケーキ
    - 42　NESSELRODE / ネッセルロードゥ
　栗のケーキ
    - 46　CASSIS / カシス
　カシスのケーキ
    - 50　POTIRON / ポティロン
　かぼちゃのケーキ
    - 54　CINQ À SEPT / サンク・ア・セットゥ
　紅茶のケーキ
    - 58　VIN BLANC / ヴァン・ブラン
　白ワインのケーキ
    - 62　FORÊT NOIRE / フォレ・ノワール
　チョコレートのケーキ
    - 66　BRÉSILIEN / ブレジリアン
　コーヒーのケーキ
    - 70　CARAMEL / キャラメル
　キャラメルのケーキ
    - 74　PRALIN / ブララン
　プラリネのケーキ
- 78　BISCUIT À LA CUILLÈRE / ビスキュイ・ア・ラ・キュイエール
　基本の生地　ビスキュイ・ア・ラ・キュイエール
    - 80　WILLIAMS POIRE / ウィリアム・ポワール
　洋梨のケーキ
    - 84　THÉ VERT / テ・ヴェール
　抹茶のケーキ
    - 88　MANGUES / マンゴー
　マンゴーのケーキ
    - 92　BÛCHE AU CHAMPAGNE / ビュッシュ・オ・シャンパーニュ
　シャンパンのケーキ
- 96　おすすめ材料一覧
- 98　イル・プルー・シュル・ラ・セーヌ

本書は1998年10月に同朋舎より発行、角川書店より発売された
『ちょっとがんばってみませんか　本当においしいババロアの作り方』の内容をもとに
追加、再編集したものです。

お菓子を作る前に

おいしいお菓子作りのための大切なポイントです。
ほんの少しの気配りで、見違えるほどおいしくでき上がるので覚えておくと便利です。

温度

1 冷蔵庫内の温度はできるだけ 0℃に近づける。
冷蔵庫内は7℃くらいが標準ですが、生クリームやバターのよい状態を保つためになるべく5℃以下にしましょう。

2 冷凍庫内の温度はできるだけ－20℃くらいにする。
でき上がったケーキを冷凍保存するときなどの離水を防ぎ、おいしさを長持ちさせます。

3 室温は 20℃以下にして作業する。
慣れないうちは、手際よく作業を進められないこともあるので、材料が温まらないように室温にも注意します。特に乳製品は温まると風味を損ねてしまいます。

計る

材料、温度、時間は正しく計る。
記載してある全ての材料を計ってから作業を進めてください。多少面倒でも、正確に計って理想の状態を覚えましょう。次第に感覚が身についてきます。

材料

1 卵黄は新鮮なものを使う。
古くなると凝固力が弱って、でき上がりが水っぽく、ベタつくような舌ざわりになってしまいます。

2 全卵と卵白はある程度古いものを使う。
20℃くらいのところに2～3日置いてから使いましょう。空気をたくさん含んだ、つぶれにくい泡になります。

3 生クリーム
鮮度がよく温度管理がしっかりしている製菓材料店で、新しいものを買い、なるべく早く使いましょう。

4 バター
お菓子作りでは無塩バターを使います。温度管理がしっかりしている店で買い、冷蔵(5℃以下)か冷凍で保存します。

器具

量に適した器具を使う。
材料の分量によって、器具の大きさを使い分けましょう。より効率的で技術面もカバーできます。

技術

1 泡立てにはハンドミキサーを使う。
ホイッパーより早く、空気をたくさん含んだ、つぶれにくい泡ができます。

2 器具と混ぜ方を選択する。
何をどのように混ぜるかによって、器具と混ぜ方を変えます。

3 氷はたっぷり用意しておく。
ババロアを作るときには冷やす作業が多いので、氷を十分に用意しておきます。

4 生地は十分に焼いて、水分をしっかり取る。
生地は柔らかくしっとりした焼き上がりではなく、十分に焼いて水分をしっかり飛ばして使います。

おいしく食べるために

ババロアのケーキはでき上がりが一番おいしいのですが、5℃以下の冷蔵庫で保存すれば2日くらいは保存できます。

器具

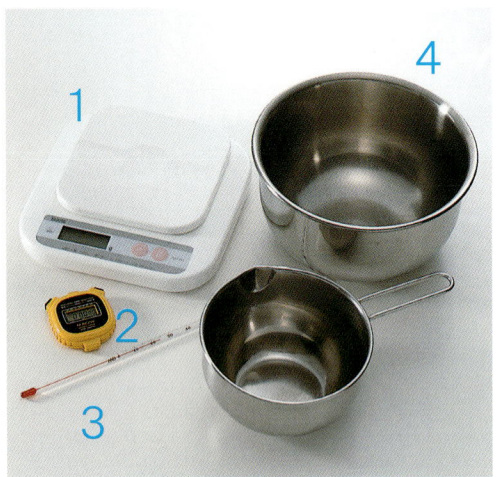

1 **デジタル秤**
1g単位で1kgまで計れるものがよいでしょう。容器の重さを引いてから計量できる機能のついたものが便利です。

2 **ストップウォッチ**
泡立ての時間を正確に計るのに便利です。普通の時計でも代用できます。

3 **温度計**
火にかけたり氷水にあてる作業のときに「人肌に…」などの体感温度ではなく、温度計で正確に計りましょう。この本では100℃計を使います。

4 **深ボウル**
泡立てるときには、普通のボウルでもできますが、側面が底に対して垂直に近く、深いものがおすすめです。手付き中ボウル（直径14cm）と深大ボウル（直径18cm）を使います。

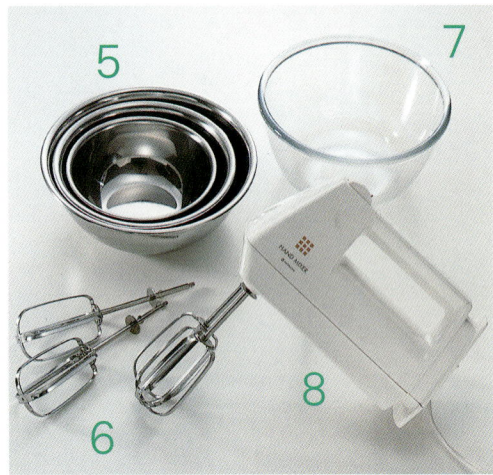

5 **ボウル**
ステンレス製で大（直径21cm）、中（直径18cm）、小（直径15cm）があると便利です。

6 **ビーター（羽根）**
この本では、ハンドミキサーから取りはずして、混ぜる器具として単独で使います。泡をつぶさずに簡単に混ぜることができます。先が細いものより丸い方がよく泡立ちます。

7 **耐熱性ガラスボウル**
ゆっくり熱が伝わる厚手のタイプが使いやすいでしょう。

8 **ハンドミキサー**
速さを低速［速度1番］・中速［速度2番］・高速［速度3番］の3段階に調節できるものがよいでしょう。

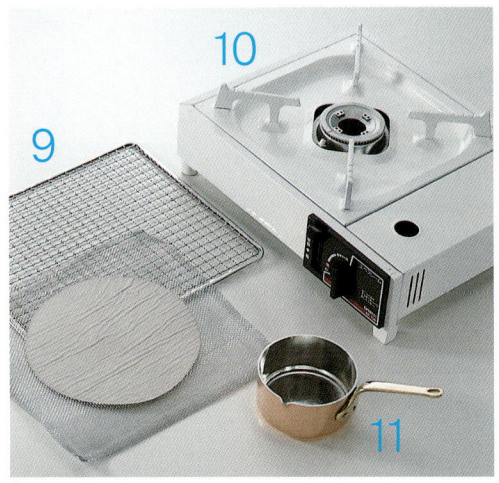

9 **金網とセラミック**
金網は、底が小さいものを加熱するときに便利です。耐熱性ガラスボウルを直火にかけると割れやすいので、金網の上にセラミックをのせて使います。魚を焼く網でも代用できます。

10 **卓上コンロ**
火口の小さいものがよいでしょう。家庭のガスコンロでも火口が小さければ大丈夫です。

11 **手付き鍋（小）**
銅製で直径9cmの厚手のタイプがあると便利です。

正確な計量と分量に合った器具を使うことで、
確実によりおいしいお菓子を作ることができます。
また技術面もカバーできるので、
必要なものから徐々に揃えていくとよいでしょう。

12 **銅ボウル**
少量でも無理なく加熱できる、厚手で底が少し尖ったタイプがよいでしょう。手付き鍋でも代用できます。

13 **刷毛とカード**
刷毛はポンシュや溶かしバターを塗るときに、カードは生地を切り分けたりクレームをすくうときに使います。

14 **ホイッパー**
柄が握りやすく、ワイヤーのしっかりしたものを選びましょう。大小あると便利です。

15 **へら**
ゴムべらは生地やクレームを平らにするときに、木べらは混ぜたりすりつぶすときに使います。細目のタイプが使いやすいでしょう。

16 **パレットナイフ**
クレームを塗るときに便利です。

17 **回転台**
生地にクレームなどを塗るときに便利です。

18 **波刃包丁**
刃渡りが30cmくらいで、ギザギザしているタイプがよいでしょう。生地を切るときに使います。

19 **プティ・クトー**
細かく切るときやコポーを作るときに使います。

20 **角棒**
生地をきれいに切ることができます。厚さ1cmの角棒が2本あると便利です。

21 **型**
ジェノワーズ型（底がはずれるタイプ）、正方形の金枠、トヨ型、パウンド型を使います。

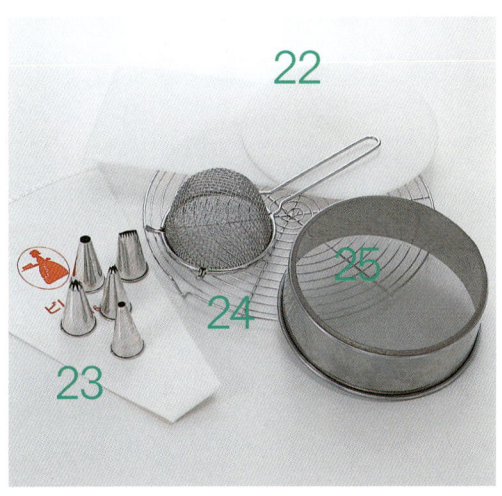

22 **プラスチックの板**
おろし金ですりおろしたフルーツの皮を、さらにすりつぶすときに使います。

23 **絞り袋と口金**
クレームを絞るときに使います。丸口金（直径10mm、7mm）、星口金（直径5〜7mm、切れ数8〜10）、平口金を使います。

24 **ケーキクーラー**
焼き上がった生地を冷ますときに使います。

25 **こし器**
粉をふるったり裏ごしするときに使います。大（直径19.5cm）と、柄の付いている小さいタイプがあると便利です。

材料

卵

全卵と卵白は、新鮮な卵では空気をたくさん含んだ、つぶれにくい泡ができないので、古いものを使います。卵は割らずに20℃くらいのところに2〜3日置き、割ると平らに広がるくらいにして使います。卵白は使う前に氷水にあてて10℃に冷やしてから泡立てると、より強いメレンゲになります。ただし卵黄だけを使うときは、古くなると凝固力が弱くなるので必ず新鮮なものを使ってください。卵白は密閉容器に入れて冷蔵庫で保存すれば、1ヶ月くらいは持ちます。冷凍庫で保存すると、とてもつぶれやすい泡になってしまいます。

生クリーム

できれば温度管理のしっかりした製菓材料店で、日付の新しいものを買いましょう。風味は純正動物性脂肪の方がよいのですが、植物性脂肪でもかまいません。5℃以下のところで凍らないように保存してください。5℃以上のところに長時間置かないようにする、泡立てるときは氷水にあてて短時間でするなど、取り扱いにも注意しましょう。生クリームを使ったお菓子も、すぐに冷蔵庫に入れて保存します。

香りと味の豊かな材料を選ぶことが一番の基本です。必ず自分の舌で確かめてください。
少しずつ材料の善し悪しを見分ける力がついてきます。
生クリームや卵は、保存状態ができ上がりに大きく影響してきます。
よい材料をよい状態で使うことがお菓子作りの秘訣です。

砂糖

この本ではグラニュー糖を使います。粒子の細かい方が溶けやすく扱いが簡単ですが、手に入りやすい粒子の粗いもので十分です。上白糖を使うと、グラニュー糖より甘味が強くなります。また生地を焼くと表面の焼き色が濃くつきます。粉糖には純粋なものと、かたまりができないようにコーンスターチが少し加えられているものがありますが、どちらを使っても差はありません。

ゼラチン

この本ではゼライスを使います。ゼライス1袋に合わせて他の材料を計りました。ゼラチンは同じメーカーのものであれば、板状でも粉状でも差はありませんが、メーカーによってゼラチンのかたまり具合がかなり違います。ゼライスは1袋5gと分量が決まっているので、ゼラチンを使うより安心して作ることができます。

香料

香りはとても大切です。この本ではバニラエッセンスを使います。加える分量はメーカーによって異なりますが、バニラの香りがはっきり分かるくらい加えてください。その他にイチゴやアーモンドなどいろいろなエッセンスがあります。何種類か揃えておくと便利でしょう。

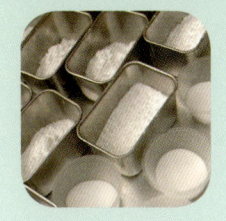

材料

小麦粉

メーカーや日本独自でつけている粉の等級の違いは、お菓子のでき上がりにほとんど差が見られないので、手に入りやすい粉で十分です。強力粉と薄力粉を混ぜて使うと、フランス産の粉に近づきます。薄力粉だけで作ると、ただ柔らかいだけのぼやけた味わいになってしまいます。粉は湿気を吸うと混ざりにくくなるので、ビニール袋を二重にして乾燥剤を入れ、空気に触れないようにして常温で保存してください。

バター

お菓子作りには無塩バターを使います。有塩バターでは味がくどくなってしまいます。フレッシュバターの方が自然で豊かな味わいですが、マーガリンでも代用できます。5℃以下の冷蔵庫か冷凍庫で保存して、溶けないようにしてください。冷凍庫で保存する場合、あらかじめ使いやすい大きさに切っておくと便利です。使うときは前日に冷蔵庫に移します。

酒

酒を加えることで素材本来の香りと味をきわ立たせ、おいしさを引き出します。分量は好みで自由に変えてもかまいません。ラム、コニャック、キルシュ（サクランボのブランデー）、リキュールにはキュラソー（オレンジ）、洋梨、コーヒーなどいろいろな種類があります。酒は開栓すると急速に香りが抜けるので、できるだけ早く使いましょう。家庭ではミニチュアビンが便利です。

チョコレート

この本では、クーベルチュールチョコレートを使います。スイート、ミルク、ホワイトなどがあります。上がけをするときは、植物性油脂を加えて扱いやすくしたコーティングチョコレートがよいでしょう。風味はヨーロッパ産のものがすぐれているようです。空気と光が入らないように袋に入れて密閉しておけば、冷蔵庫で半年くらいは十分保存できます。

フルーツ

日本の果物は香りと味が弱いものが多いので、生のフルーツよりも缶詰や冷凍フルーツを使った方がおいしいお菓子ができるものもあります。生のフルーツを使う場合には、酒や香料などで香りと味を補います。

技術
混ぜる

ビーターで混ぜる

この本ではハンドミキサーからビーターをはずして、単独の器具として使います。粉を混ぜるときに泡をつぶさずによく混ぜることができます。とても簡単にできるので、あわてないで混ぜてください。きっと今まで以上によい生地ができるでしょう。

正しい混ぜ方

ビーターをボウルの外側から中心に向かって、うず巻き状にゆっくり混ぜ、中心までいったら外側に向かってうず巻き状に混ぜます。これで1回混ぜたことになります。このときビーターはボールの底に軽くふれる程度です。できるだけゆっくり混ぜます。

ホイッパーで混ぜる

全卵とグラニュー糖、クレーム・アングレーズと生クリーム、量の少ないものをほぐすときはホイッパーを使います。全体をよく混ぜ合わせたり、泡をつぶさずに混ぜることができます。何を混ぜるかによって、混ぜ方と速度を変えます。また混ぜる材料の分量によって、ホイッパーの大小を使い分けるとより効果的です。

基本の持ち方

親指と中指で持ちます。人さし指は伸ばして柄に添えるようにしても、引っかけるようにしてもかまいません。混ぜ方によって持ち方は変わります。

この本での泡立て方や混ぜ方には、いろいろな方法があります。
お菓子をおいしく作るために、失敗しないように工夫してあるので、
ちょっとがんばって覚えてください。

4種類の混ぜ方

1 円

卵黄とグラニュー糖にジュースを加えるときや、ゼライスを加えるときの混ぜ方です。ホイッパーの先を底に軽くつけながら、大きく円を描くように回すと、全体をまんべんなく混ぜることができます。10秒間に10回くらいの速さで混ぜます。

2 直線反復

卵黄とグラニュー糖を混ぜるときや、少量のものをほぐすときの混ぜ方です。ボウルを斜めにしてすみに材料を集め、ホイッパーをボウルに軽くあてながら、手早く直線で往復させます。ホイッパーが通った部分は、直接液体に強い力が加わり、目に見えない部分でもよく混ざります。10秒間に20回くらいの速さで混ぜます。

3 底

材料を加熱したり、冷やしながら混ぜるときの混ぜ方です。底だけ固まらずに全体をよく混ぜることができます。液体の中に空気が入らないように、ホイッパーを立てて、小きざみに不規則に動かしながら、底全体を軽くこするように混ぜます。手早く混ぜるのがポイントです。

4 すくい上げ

重たいクレーム・アングレーズと軽い生クリームを混ぜるときの混ぜ方です。下に沈んだ重たいクレーム・アングレーズをすくい上げて、全体をよく混ぜることができます。ボウルの右側から底を通り、左側の縁近くまでこするようにしてすくい上げ、同時にボウルを手前に1/6ずつ回転させます。

技術 泡立てる

生地のでき具合の善し悪しは泡立てにかかっています。ハンドミキサーを使って、空気をたくさん含んだ、つぶれにくい泡を作ってください。ホイッパーより早く泡立ち、確実によい泡ができます。

正しい泡立て方

1 ボウルの形

泡立てるときには、普通のボウルでもできますが、側面が底に対して垂直に近く、深いものがおすすめです。ハンドミキサーのビーター（羽根）とボウルの間にすき間ができず、効率よく泡立てられます。

2 分量とボウルのサイズ

柄付き中ボウルはビーター1本で

60 g以下の卵白、70 g以下の全卵のときは、柄付き中ボウルでビーターは1本です。2本のビーターは、それぞれが外側に向かって回っています。ビーターと同じ方向に回すとつぶれやすい泡になってしまいます。

※右ききの人はハンドミキサーの左側にビーターを付け、時計の針と同じ方向に回します。

※左ききの人はハンドミキサーの右側にビーターを付け、時計の針と反対方向に回します。

深大ボウルはビーター2本で

60 g以上の卵白、70 g以上の全卵のときは、深大ボウルでビーターは2本です。左右どちらにハンドミキサーを回してもかまいません。疲れてきたら持ち替えてください。

3 回し方

ハンドミキサーは大きく動かさずに、手首だけを回します。ビーターはボウルにときどきふれて軽い音がする程度です。ハンドミキサーをボウルの真ん中で小さく回したり、大きく動かして、ビーターをボウルにガラガラと強く当てると、つぶれやすい泡になってしまいます。

○

×

4 回転

1秒間に3回くらいの速さで回すと、空気をたくさん含んだ、つぶれにくい泡ができます。次第に慣れるので、最初はあせらずにゆっくりやってみましょう。

技術 焼く

家庭用のオーブンには、電子レンジオーブンとガス高速オーブンがあります。機種や大きさによる違いがかなりあるので、同じ時間、同じ温度でも焼き上がりは一律になりません。自分のオーブンに適した時間、温度を見つけることが大切です。

正しい焼き方

1 オーブン

電子レンジオーブン
天板が回転しているため、熱の入り方にムラが少なく、全体が均一に焼けます。ガス高速オーブンに比べて熱量が弱いので、時間をかけてゆっくり焼くお菓子に向いています。

ガス高速オーブン
オーブン内の手前と奥の熱の強度が異なるため、ムラ焼けになりやすく、手前の方だけ焼き色が濃くなる場合があります。上段は上（表面）から、下段は下（底）から熱が入ります。焼き色に違いが出た場合、途中で上下段、必要なら奥手前も入れ替えます。

2 予熱

焼く30分前には必ず予熱しておきましょう。生地をオーブンに入れるときに、かなりの熱量がオーブンの外に出てしまうので、焼く温度より20℃ほど高めに設定しておきます。

3 温度設定

この本では写真の焼き色と時間が合うようにしていますが、焼き時間はあくまでも目安です。時間通りに焼いても焼き色が不十分な場合、次回は温度を20℃ほど上げて、また焼きすぎた場合は20℃ほど下げて焼いてみます。

4 焼き加減

基本的に生地はしっかり焼きます。柔らかさとか、しっとりとした焼き具合を求めると、生地の持っている個性的なおいしさ、歯ざわり、味わいなどが失われてしまいます。

5 冷ます

焼き上がった生地は、決してテーブルの上などに置かないでください。ケーキクーラーにのせて蒸気を飛ばしながら冷まします。生地に蒸気がこもると歯切れが悪くなります。

ジェノワーズ
この本では、生地が一度ふくらんでからさらに焼いて、表面がほぼ平らになり、型との間に3～5mmほどのすき間ができたら出します。このくらい焼き込んだ方が生地のおいしさが出ます。後でシロップを打っても生地は崩れません。

ビスキュイ・ア・ラ・キュイエール
表面と底に薄い焼き色がつき、押しても指の跡が残らず、しっかりした手触りになったらオーブンから出します。焼きすぎてせんべいのようにパリパリになっても、噛むとネチッとして歯につくような浅い焼き方よりはずっとおいしいでしょう。

BAVAROIS(E)

Bavière（ドイツのバイエルン地方）の形容詞、
バイエルンの、バヴァリアの、の意。
名前の由来はドイツのバイエルン地方に起源があると言われている。
19世紀の菓子職人・料理人アントナン・カレーム（1784-1833）が、
ドイツ南部ババリア地方の温かい飲み物だったものに、
生クリームやゼラチンを加えて固めてお菓子として作り上げたとされる。
カレームの著書には「フロマージュ・バヴァロア」という名で
いくつものレシピが残っている。

　ババロアは、卵黄と砂糖を、牛乳や果汁とともに加熱して卵黄にとろみをつけ（クレーム・アングレーズ）、ゼラチンを加え、これを冷やして生クリームと混ぜ、冷やし固めたものです。

　フランスでも戦後、パティスリーやレストランでの冷蔵庫の普及と伴に急速に発展、変化してきたものです。

　私が初めてフランスで研修した頃には、既にカシス、フランボワーズ、洋梨、パッションフルーツ、コーヒー、チョコレートなどの様々のババロアが作られ、パティスリーで売られていました。

　その後も新しい素材によって、又新しい素材の組み合わせによって新しいババロアが作られてきました。現在はほぼ出るべきものは出つくしたように思えます。

　苺など加熱によって味わいが変質してしまう、あるいは卵黄の強い味わいに負けてしまう微妙な味わいのババロアには適さないフルーツなどがありますが、多くのものはババロアにすることによって、素材は大きく表情を変え、素材の表情以上のおいしさを与えてくれます。

　卵黄の持つ暖かく、時には力強い、時には優しい力によって、メインとなる素材がより豊かで印象的な表情を持つことにババロアの味わいの魅力があります。

　新しいババロアを創り出そうと試作を続ける中で、初めは予想もしなかった素材の新たな表情がこつ然と現れる時などは、パティシエとしてのお菓子作りの喜びに感謝せずにはいられません。

　こんなババロアの素晴らしさと、とびきりのおいしさを少しでも多くの方々が実感できるように、これ以上は決して不可能といえる簡明な作り方によってお見せします。

　イル・プルー・シュル・ラ・セーヌのお菓子作りの技術は、二十年近くにわたり、教室の生徒さんとの実践によって築かれてきた、お菓子作りが未だ未熟な方を基準とした作り方なのです。

弓田 亨

BAVAROISE / ババロア

基本のババロア

ここではフランボワーズ（P30〜33）のババロアを作ります。
材料によって手順は多少異なります。
ここで基本を理解して、それぞれの作り方で作業を進めて下さい。

材料

※フランボワーズのジュース …… 150 g
卵黄 …………… 50 g（2〜3個分）
グラニュー糖 …………… 50 g
スキムミルク …………… 8 g
ゼライス …………… 5 g
水 …………… 30 g
フランボワーズのリキュール … 50 g
ホワイトラム …………… 20 g
レモン汁 …………… 10 g
バニラエッセンス …… 2〜3滴
生クリーム（乳脂肪分35〜42%）… 150 g

※ジュースの取り方はP32 下準備 1 参照。

下準備

1 ゼライスは水にふやかしておく。

2 生クリームをボウルごと氷水にあて、ホイッパーでやっと角が立ち、ゆすると大きく動くくらいの8分に泡立てて冷蔵庫で冷やしておく。

作り方

1
手付き鍋にフランボワーズのジュースを入れ、弱火で80℃にする。
ポイント☞決して沸騰させないこと。特にジュースは、味と香りが極端に変わってしまう。

2
1 を加熱している間に、耐熱性ガラスボウルに卵黄、グラニュー糖を入れ、〈直線反復〉で白っぽくなるまでよく混ぜて、スキムミルクを加え混ぜる〔P13 混ぜる 2〕。

3
1 の1/3を 2 に3〜4回に分けて加え、〈円〉でよく混ぜる〔P13 混ぜる 1〕。

4
さらに手早く混ぜながら、1 の残りを加える。

5 クレーム・アングレーズを作る。

直火にあてないように網の上にセラミック（魚を焼く網でも可）をおき、ごく弱火で 4 を加熱する。片手に温度計を持ち、〈底〉で混ぜながら、4〜5分かけて80℃にする〔P13 混ぜる3〕。卵黄が半煮えになり、とろみがついてくる。
ポイント☞あまり強く泡立てないこと。空気が入りすぎて、食感が悪くなってしまう。

6

80℃になったらすぐに火からおろし、水にふやかしたゼライスを一度に加え、〈円〉でよく混ぜる。
ポイント☞余熱で卵黄が煮えすぎないように、とにかく手早くすること。

7

ゼライスが溶けたら裏ごしする。

8

氷水にあて、〈底〉で手早く混ぜながら40℃にする。

9

氷水からはずして、フランボワーズのリキュール、ホワイトラム、レモン汁、バニラエッセンスを加え混ぜる。再度氷水にあて、〈底〉で手早く混ぜながら18℃にする。

10

8分に泡立てた生クリームを3回に分けて加え混ぜる。1回目はひとすくい加え、〈円〉と〈すくい上げ〉で手早く混ぜる〔P13 混ぜる4〕

11

2回目は残りの1/2を加え、〈すくい上げ〉で手早く混ぜる。だいたい混ざったら残り全部を加え、同様に混ぜる。

12

クレーム・アングレーズと生クリームが十分に混ざったら、生クリームの入っていたボウルにゴムべらで移し替える。
ポイント☞ボウルを替えることで、下に沈んでいるクレーム・アングレーズと生クリームがよく混ざる。

13

ホイッパーを立て、〈円〉で10回ほど混ぜる。

14

できあがり！

GÉNOISE

基本の生地 ジェノワーズ

全卵を泡立てて、粉と溶かしバターを加えた生地（共立ての生地またはスポンジ生地）です。卵は割らずに20℃くらいのところに2〜3日置いたものを使います。ポイントは、全卵とグラニュー糖を加熱して混ぜるときに、正確に40℃にすることです。また泡立てにはハンドミキサーを使って、空気をたくさん含んだ、つぶれにくい泡を作ってください。きめが細かく、しっかりした生地ができます。

下準備

1 オーブンは予熱しておく。
　　電子レンジオーブン　200℃
　　ガス高速オーブン　　180℃

2 薄力粉、強力粉は一緒にふるっておく。

3 直径18cmのジェノワーズ型の底と横に紙を敷いておく。
※正方形の型（18cm×18cm）の場合も同様です。

作り方

1 深大ボウルに全卵、グラニュー糖を入れ、弱火で加熱する。片手に温度計を持ち、〈底〉で混ぜながら40℃にする〔P13 混ぜる 3〕。

2 40℃になったらすぐに火からおろし、ハンドミキサー、ビーター2本、速度3番で4分泡立てる。最初の3分はゆっくり、残りの1分はできるだけ速く回す。

3 粉は4回に分けて加える。1回目は大さじ2杯入れてハンドミキサーからはずしたビーター1本で、ゆっくりうず巻き状に混ぜる〔P12 ビーターで混ぜる〕。粉が2/3くらい混ざったら、2回目も同様に加え混ぜる。

4
全体がよく混ざるように、別のボウルにゴムべらでていねいに移し替える。3〜4回目も同様に加え混ぜる。

8
型に生地を流し、オーブンで焼く。
- **電子レンジオーブン**
　　　180℃／約30分
- **ガス高速オーブン**
　　　160℃／約30分

表面がほぼ平らになり、型との間に5mmほどのすき間ができたら、オーブンから出す。

5
4回目の粉がだいたい混ざったら、ゴムべらでボウルのまわりをきれいにする。

6
手付き鍋にバターと牛乳を入れ、沸騰寸前まで温める。5に2回に分けて加え、ビーター1本でゆっくりうず巻き状に混ぜる。

9
型からはずし、ケーキクーラーに紙を敷いて、底を上にして冷ます。

7
だいたい混ざったら、ゴムべらでボウルのまわりをきれいにする。さらにビーター1本でゆっくりうず巻き状に1回混ぜる。

GÉNOISE　21

人の心をハッとさせるオレンジのお菓子の中には
必ず豊かな太陽の香りがあるようです。
そして太陽のいっぱい詰まったオレンジには
理屈なしのおいしさを誰もが感じます。

オレンジのケーキ
ORANGE / オランジュ

材料　直径18cmのジェノワーズ型（底がはずれるタイプ）1台分

ジェノワーズ
- 全卵　　　　　110 g（約2個分）
- グラニュー糖　　　　80 g
- 薄力粉　　　　　　　35 g
- 強力粉　　　　　　　35 g
- バター（無塩）　　　15 g
- 牛乳　　　　　　　　20 g

ポンシュ
- オレンジのジュース
  （果汁100％）　　　45 g
- グラニュー糖　　　　12 g
- ホワイト・キュラソー　8 g

ババロア
- オレンジのジュース
  （果汁100％）　　　260 g
- レモンの皮　　　　1/2 個分
- 卵黄　　　　65 g（3個分）
- グラニュー糖　　　　45 g
- バター（無塩）　　　45 g
- ゼライス　　　　　　 5 g
- 水　　　　　　　　　30 g
- ホワイト・キュラソー　10 g
- レモン汁　　　　　　10 g
- 生クリーム（乳脂肪分35～42％）
  　　　　　　　　　　170 g

オレンジのジュレ
- オレンジのジュース
  （果汁100％）　　　60 g
- グラニュー糖　　　　 6 g
- コーンスターチ　　　 3 g
- ホワイト・キュラソー　3 g

牛乳のジュレ
- 牛乳　　　　　　　　60 g
- グラニュー糖　　　　10 g
- コーンスターチ　　　 3 g

POINT
アメリカ産の生のオレンジを搾って作るよりも、濃縮還元のジュースを使った方がおいしくできます。
香り、味、酸味の強いものを見つけてください。

オレンジのケーキ
ORANGE / オランジュ

下準備

1. ババロア用のオレンジのジュース260gは、弱火で10分ほど煮詰めて130gにしておく。

作り方

1 ジェノワーズを作る。
〔P20-21 参照〕

2 ポンシュを作る。
オレンジのジュース、グラニュー糖、ホワイト・キュラソーを合わせて混ぜる。

3 生地が冷めたら表面の焼き色を切り落とし、底を上にして厚さ1cmで2枚取り、直径16cmにする。**a** 刷毛で両面にポンシュを打つ。

a

4 1枚は型に入れて冷凍庫で、1枚はバットに入れて冷蔵庫で冷やしておく。

5 ババロアを作る。
〔P18-19 参照〕

① ゼライスは水にふやかしておく。

② 生クリームを8分に泡立てて冷蔵庫で冷やしておく。

③ レモンの皮をすりおろし **b**、煮詰めたオレンジジュースと合わせて手付き鍋に入れ、弱火で80℃にする。

b

④ ③を加熱している間に、耐熱性ガラスボウルに卵黄、グラニュー糖を入れ、〈直線反復〉で白っぽくなるまでよく混ぜる。

⑤ ③の1/3を④に3～4回に分けて加え、〈円〉でよく混ぜる。

⑥ さらに手早く混ぜながら、③の残りを加え **c**、溶かしたバターを加える。**d**

c

d

⑦ クレーム・アングレーズを作る。
ごく弱火で⑥を加熱する。片手に温度計を持ち、〈底〉で混ぜながら、4〜5分かけて80℃にする。

⑧ 80℃になったらすぐに火からおろし、①を一度に加え、〈円〉でよく混ぜる。

⑨ ゼライスが溶けたら裏ごしする。e

e

⑩ 氷水にあて、〈底〉で手早く混ぜながら40℃にする。

⑪ 氷水からはずして、ホワイト・キュラソー、レモン汁を加え混ぜる。f
再度氷水にあて、〈底〉で手早く混ぜながら18℃にする。

f

⑫ ②を3回に分けて加え混ぜる。1回目はひとすくい加え、〈円〉と〈すくい上げ〉で手早く混ぜる。g

g

⑬ 2回目は残りの1/2を加え、〈すくい上げ〉で手早く混ぜる。h

h

⑭ だいたい混ざったら、残り全部を加え同様に混ぜる。

⑮ 十分に混ざったら、生クリームの入っていたボウルにゴムべらで移し替える。

⑯ ホイッパーを立て、〈円〉で10回ほど混ぜる。i

i

6 型にババロアの1/2を流し、平らにしてもう1枚の生地をおく。残りのババロアを流し、平らにして冷蔵庫で2時間冷やし固める。

7 ジュレを作る。

オレンジのジュレは手付き鍋にオレンジのジュース、グラニュー糖、コーンスターチを入れ、10秒ほど沸騰させて冷ます。ホワイト・キュラソーを加え混ぜ、十分に冷やしておく。
牛乳のジュレは手付き鍋に牛乳、グラニュー糖、コーンスターチを入れ、10秒ほど沸騰させて、十分に冷やしておく。j

j

8 デコレーションする。

6が完全に固まったら、熱いタオルを巻いて型からはずし k、刷毛で表面にジュレを塗る。l

k

l

できあがり！

初夏の新物の、嬉しさと新鮮さに満ちたパッションフルーツは
きっと素敵な夏が来ることをしっかり信じ込ませるような
心のつぶやきを感じさせてくれます。

パッションフルーツのケーキ
Fruit De La Passion /フリュイ・ドゥ・ラ・パスィオン

材料
上口 21cm×8cm・底 20cm×7cm・高さ 6cmのパウンド型 1 台分

ジェノワーズ
- 全卵 ……… 110 g（約2個分）
- グラニュー糖 ……… 80 g
- 薄力粉 ……… 35 g
- 強力粉 ……… 35 g
- バター（無塩）……… 15 g
- 牛乳 ……… 20 g

ポンシュ
- 水 ……… 30 g
- グラニュー糖 ……… 15 g
- ホワイトラム ……… 9 g

ババロア
- 冷凍のパッションフルーツのジュース（果汁100%）……… 135 g
- 卵黄 ……… 45 g（2〜3個分）
- グラニュー糖 ……… 45 g
- ゼライス ……… 5 g
- 水 ……… 30 g
- ホワイトラム ……… 27 g
- コニャック ……… 9 g
- レモン汁 ……… 9 g
- バニラエッセンス ……… 2〜3滴
- 生クリーム（乳脂肪分 35〜42%）……… 180 g

ジュレ
- 冷凍のパッションフルーツのジュース（果汁100%）……… 70 g
- 水 ……… 30 g
- グラニュー糖 ……… 30 g
- コーンスターチ ……… 5 g
- ホワイトラム ……… 3 g

デコレーション
- パッションフルーツの種 ……… 適量

POINT
深い香りと味のある冷凍のパッションフルーツのジュースを見つけてください。
ビン詰のジュースは香りと味がほとんどありません。

FRUIT DE LA PASSION

パッションフルーツのケーキ
Fruit De La Passion／フリュイ・ドゥ・ラ・パスィオン

下準備

1 ジェノワーズに使う正方形（18cm×18cm）の金枠がない場合、厚紙（段ボール紙など）で1辺の長さ18cm、高さ4cmの正方形の枠を作り、まわりにアルミホイルを巻く。底と横に紙を敷いておく。

2 パッションフルーツが手に入ったときは、種を2～3日乾燥させて取っておく。

3 型は冷凍庫で冷やしておく。

作り方

1 ジェノワーズを作る。
〔P20-21 参照〕

2 ポンシュを作る。
手付き鍋に水、グラニュー糖を入れ、軽く沸騰させて冷まし、ホワイトラムを加え混ぜる。

3 生地が冷めたら表面の焼き色を切り落とし、底を上にして厚さ1cmでスライスする。19cm×5cmを1枚、20cm×7cmを1枚、つぎはぎして取る。**a**
刷毛で両面にポンシュを打つ。

4 バットに入れて冷蔵庫で冷やしておく。

5 ババロアを作る。
〔P18-19 参照〕

① ゼライスは水にふやかしておく。

② 生クリームを8分に泡立てて冷蔵庫で冷やしておく。

③ 手付き鍋に冷凍のパッションフルーツのジュースを入れ、弱火で80℃にする。

④ ③を加熱している間に、耐熱性ガラスボウルに卵黄、グラニュー糖を入れ、〈直線反復〉で白っぽくなるまでよく混ぜる。

⑤ ③の1/3を④に3～4回に分けて加え、〈円〉でよく混ぜる。**b**

⑥ さらに手早く混ぜながら、③の残りを加える。**c**

⑦ クレーム・アングレーズを作る。
　ごく弱火で⑥を加熱する。片手に温度計を持ち、〈底〉で混ぜながら、4〜5分かけて80℃にする。

⑧ 80℃になったらすぐに火からおろし、①を一度に加え、〈円〉でよく混ぜる。

⑨ ゼライスが溶けたら裏ごしする。d

d

⑩ 氷水にあて、〈底〉で手早く混ぜながら40℃にする。

⑪ 氷水からはずして、ホワイトラム、コニャック、レモン汁、バニラエッセンスを加え混ぜる。再度氷水にあて、〈底〉で手早く混ぜながら18℃にする。

⑫ ②を3回に分けて加え混ぜる。1回目はひとすくい加え、〈円〉と〈すくい上げ〉で手早く混ぜる。e

e

⑬ 2回目は残りの1/2を加え、〈すくい上げ〉で手早く混ぜる。f

f

⑭ だいたい混ざったら、残り全部を加え同様に混ぜる。

⑮ 十分に混ざったら、生クリームの入っていたボウルにゴムべらで移し替える。

⑯ ホイッパーを立て、〈円〉で10回ほど混ぜる。g

g

6 型にババロアの1/2を流し、平らにして19cm×5cmの生地をおく。残りのババロアを流し、平らにして20cm×7cmの生地をおいて、冷蔵庫で2時間冷やし固める。h

h

7 ジュレを作る。

手付き鍋に冷凍のパッションフルーツのジュース、水、グラニュー糖、コーンスターチを入れ、10秒ほど沸騰させて冷ます。ホワイトラムを加え混ぜ、十分に冷やしておく。i

i

8 デコレーションする。

① 6が完全に固まったら、底を上にして熱いタオルを巻いて型からはずす。j

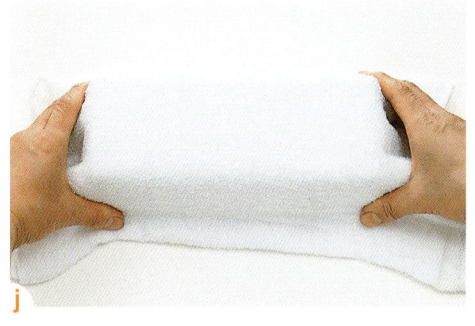
j

② パレットナイフで表面と側面にジュレを塗る。k

k

③ 表面にパッションフルーツの種を飾る。

できあがり！

静かだけれど熱い思いを秘めた香りが長く心に残ります。
可愛らしく、でも思いを詰めた
乙女の息づかいが感じられるようです。

フランボワーズのケーキ
FRAMBOISES / フランボワーズ

材料　直径18cmのジェノワーズ型（底がはずれるタイプ）1台分

ジェノワーズ
- 全卵 …………… 110 g（約2個分）
- グラニュー糖 …………… 80 g
- 薄力粉 …………… 35 g
- 強力粉 …………… 35 g
- バター（無塩）…………… 15 g
- 牛乳 …………… 20 g

フランボワーズのジュース
（ポンシュ、ババロア、ジュレ用）
- 冷凍フランボワーズ …… 500 g

ポンシュ
- フランボワーズのジュース …………… 40 g
- 粉糖 …………… 15 g
- フランボワーズのリキュール …………… 20 g

ババロア
- フランボワーズのジュース …………… 150 g
- 卵黄 …… 50 g（2〜3個分）
- グラニュー糖 …………… 50 g
- スキムミルク …………… 8 g
- ゼライス …………… 5 g
- 水 …………… 30 g
- フランボワーズのリキュール …………… 50 g
- ホワイトラム …………… 20 g
- レモン汁 …………… 10 g
- バニラエッセンス …… 2〜3滴
- 生クリーム（乳脂肪分 35〜42%）…………… 150 g

ジュレ
- フランボワーズのジュース …………… 100 g
- グラニュー糖 …………… 20 g
- コーンスターチ …………… 4 g
- フランボワーズのリキュール …………… 10 g
- レモン汁 …………… 5 g

POINT
深い香りと味わいのある冷凍フランボワーズを選んでください。酸っぱいだけのフランボワーズしかなくても、しっかりした味わいのあるリキュールがあれば、とてもおいしいババロアができます。

フランボワーズのケーキ
FRAMBOISES / フランボワーズ

下準備

1 フランボワーズのジュースを作る。
冷凍フランボワーズを解凍し、裏ごしして種を取る。
ポンシュ、ババロア、ジュレ用に分けておく。

作り方

1 ジェノワーズを作る。
〔P20-21 参照〕

2 ポンシュを作る。
フランボワーズのジュース、粉糖、フランボワーズのリキュールを合わせて混ぜる。

3 生地が冷めたら表面の焼き色を切り落とし、底を上にして厚さ1cmで2枚取り、直径16cmにする〔P24 オランジュ・写真 a 参照〕。刷毛で両面にポンシュを打つ。**a**

a

4 1枚は型に入れて冷凍庫で、1枚はバットに入れて冷蔵庫で冷やしておく。

5 ババロアを作る。
〔P18-19 参照〕
① ゼライスは水にふやかしておく。
② 生クリームを8分に泡立てて冷蔵庫で冷やしておく。
③ 手付き鍋にフランボワーズのジュースを入れ、弱火で80℃にする。
④ ③を加熱している間に、耐熱性ガラスボウルに卵黄、グラニュー糖を入れ、〈直線反復〉で白っぽくなるまでよく混ぜて、スキムミルクを加え混ぜる。

⑤ ③の1/3を④に3〜4回に分けて加え、〈円〉でよく混ぜる。**b**

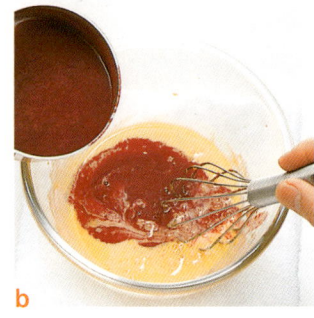
b

⑥ さらに手早く混ぜながら、③の残りを加える。**c**

c

⑦ クレーム・アングレーズを作る。
ごく弱火で⑥を加熱する。片手に温度計を持ち、〈底〉で混ぜながら、4〜5分かけて80℃にする。

⑧ 80℃になったらすぐに火からおろし、①を一度に加え、〈円〉でよく混ぜる。

⑨ ゼライスが溶けたら裏ごしする。

⑩ 氷水にあて、〈底〉で手早く混ぜながら40℃にする。d

⑪ 氷水からはずして、フランボワーズのリキュール、ホワイトラム、レモン汁、バニラエッセンスを加え混ぜる。再度氷水にあて、〈底〉で手早く混ぜながら18℃にする。

⑫ ②を3回に分けて加え混ぜる。1回目はひとすくい加え、〈円〉と〈すくい上げ〉で手早く混ぜる。e

⑬ 2回目は残りの1/2を加え、〈すくい上げ〉で手早く混ぜる。f

⑭ だいたい混ざったら、残り全部を加え同様に混ぜる。

⑮ 十分に混ざったら、生クリームの入っていたボウルにゴムべらで移し替える。

⑯ ホイッパーを立て、〈円〉で10回ほど混ぜる。g

6 型にババロアの1/2を流し、平らにしてもう1枚の生地をおく。残りのババロアを流し、平らにして冷蔵庫で2時間冷やし固める。

7 ジュレを作る。

手付き鍋にフランボワーズのジュース、グラニュー糖、コーンスターチを入れ、10秒ほど沸騰させて冷ます。フランボワーズのリキュール、レモン汁を加え混ぜ、十分に冷やしておく。h

8 デコレーションする。

6 が完全に固まったら、熱いタオルを巻いて型からはずし〔P25 オランジュ・写真 k 参照〕、パレットナイフで表面にジュレを塗る。i

できあがり！

パイナップル？
何となくもう食べ飽きたようなイメージがあるかもしれません。
でも一度この本の配合で作ってみてください。
本当に子供心そのものの楽しいおいしさに心が踊ります。

パイナップルのケーキ
TROPIQUE / トゥロピック

材料　上口 21cm×8cm・底 20cm×7cm・高さ 6cm のパウンド型 1台分

ジェノワーズ
- 全卵 ……………… 110 g（約2個分）
- グラニュー糖 ……… 80 g
- 薄力粉 ……………… 35 g
- 強力粉 ……………… 35 g
- バター（無塩）……… 15 g
- 牛乳 ………………… 20 g

ポンシュ
- 水 …………………… 30 g
- グラニュー糖 ……… 15 g
- ホワイトラム ……… 9 g

ババロア
- パイナップルのジュース（果汁100%）……… 450 g
- 卵黄 ……… 50 g（2〜3個分）
- グラニュー糖 ……… 50 g
- ゼライス ……… 5 g
- 水 ……… 30 g
- ホワイトラム ……… 10 g
- レモン汁 ……… 10 g
- 生クリーム（乳脂肪分 35〜42%）……… 200 g

ガルニチュール
- パイナップル（缶詰）輪切り2枚

ジュレ
- パイナップルのジュース（果汁100%）……… 100 g
- グラニュー糖 ……… 20 g
- コーンスターチ ……… 5 g
- ホワイトラム ……… 5 g
- レモン汁 ……… 5 g

ケーキクラム
- ジェノワーズを切り落としたもの ……… 適量

POINT
市販のパイナップルのジュースはとにかく香りの豊かなもの、味の強いものを使います。いろいろなメーカーのものを飲み比べてみると、違いがよくわかります。

パイナップルのケーキ
TROPIQUE / トゥロピック

下準備

1 ジェノワーズに使う正方形（18cm×18cm）の金枠がない場合、枠を作り〔P28パッションフルーツ・下準備 1 参照〕、底と横に紙を敷いておく。

2 ババロア用のパイナップルのジュース450gは、弱火で10分ほど煮詰めて150gにしておく。

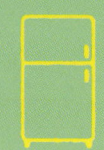

3 ガルニチュール用のパイナップルは7mm角に刻み、冷蔵庫で冷やしておく。

4 型は冷凍庫で冷やしておく。

作り方

1 ジェノワーズを作る。
〔P20-21 参照〕

2 ポンシュを作る。
手付き鍋に水、グラニュー糖を入れ、軽く沸騰させて冷まし、ホワイトラムを加え混ぜる。

3 生地が冷めたら表面の焼き色を切り落とし、底を上にして厚さ1cmでスライスする。19cm×5cmを1枚、20cm×7cmを1枚、つぎはぎして取る。**a**
刷毛で両面にポンシュを打つ。

4 バットに入れて冷蔵庫で冷やしておく。

5 ババロアを作る。
〔P18-19 参照〕

① ゼライスは水にふやかしておく。

② 生クリームを8分に泡立てて冷蔵庫で冷やしておく。

③ 手付き鍋に煮詰めたパイナップルのジュースを入れ、弱火で80℃にする。

④ ③を加熱している間に、耐熱性ガラスボウルに卵黄、グラニュー糖を入れ、〈直線反復〉で白っぽくなるまでよく混ぜる。

⑤ ③の1/3を④に3～4回に分けて加え、〈円〉でよく混ぜる。**b**

⑥ さらに手早く混ぜながら、③の残りを加える。**c**

⑦ クレーム・アングレーズを作る。
ごく弱火で⑥を加熱する。片手に温度計を持ち、〈底〉で混ぜながら、4～5分かけて80℃にする。

⑧ 80℃になったらすぐに火からおろし、①を一度に加え、〈円〉でよく混ぜる。

⑨ ゼライスが溶けたら裏ごしする。

⑩ 氷水にあて、〈底〉で手早く混ぜながら40℃にする。

⑪ 氷水からはずして、ホワイトラム、レモン汁を加え混ぜる。**d**
再度氷水にあて、〈底〉で手早く混ぜながら18℃にする。

⑫ ②を3回に分けて加え混ぜる。1回目はひとすくい加え、〈円〉と〈すくい上げ〉で手早く混ぜる。**e**

⑬ 2回目は残りの1/2を加え、〈すくい上げ〉で手早く混ぜる。**f**

⑭ だいたい混ざったら、残り全部を加え同様に混ぜる。

⑮ 十分に混ざったら、生クリームの入っていたボウルにゴムべらで移し替える。

⑯ ホイッパーを立て、〈円〉で10回ほど混ぜる。**g**

⑥ 型にババロアの1/2を流し、平らにして19cm×5cmの生地をおき、ガルニチュール用のパイナップルを並べる。**h**
残りのババロアを流し、平らにして20cm×7cmの生地をおいて、冷蔵庫で2時間冷やし固める。

7 ジュレを作る。

手付き鍋にパイナップルのジュース、グラニュー糖、コーンスターチを入れ、10秒ほど沸騰させて冷ます。ホワイトラム、レモン汁を加え混ぜ、十分に冷やしておく。

8 ケーキクラムを作る。

ジェノワーズを切り落としたものは焼き色をはずして、ふるいで細かくする。**i**

9 デコレーションする。

① ⑥が完全に固まったら、底を上にして熱いタオルを巻いて型からはずす〔P29 パッションフルーツ・写真j 参照〕。

② パレットナイフで表面と側面にジュレを塗る。**j**

③ 下1cmにケーキクラムをつける。**k**

できあがり！

TROPIQUE 37

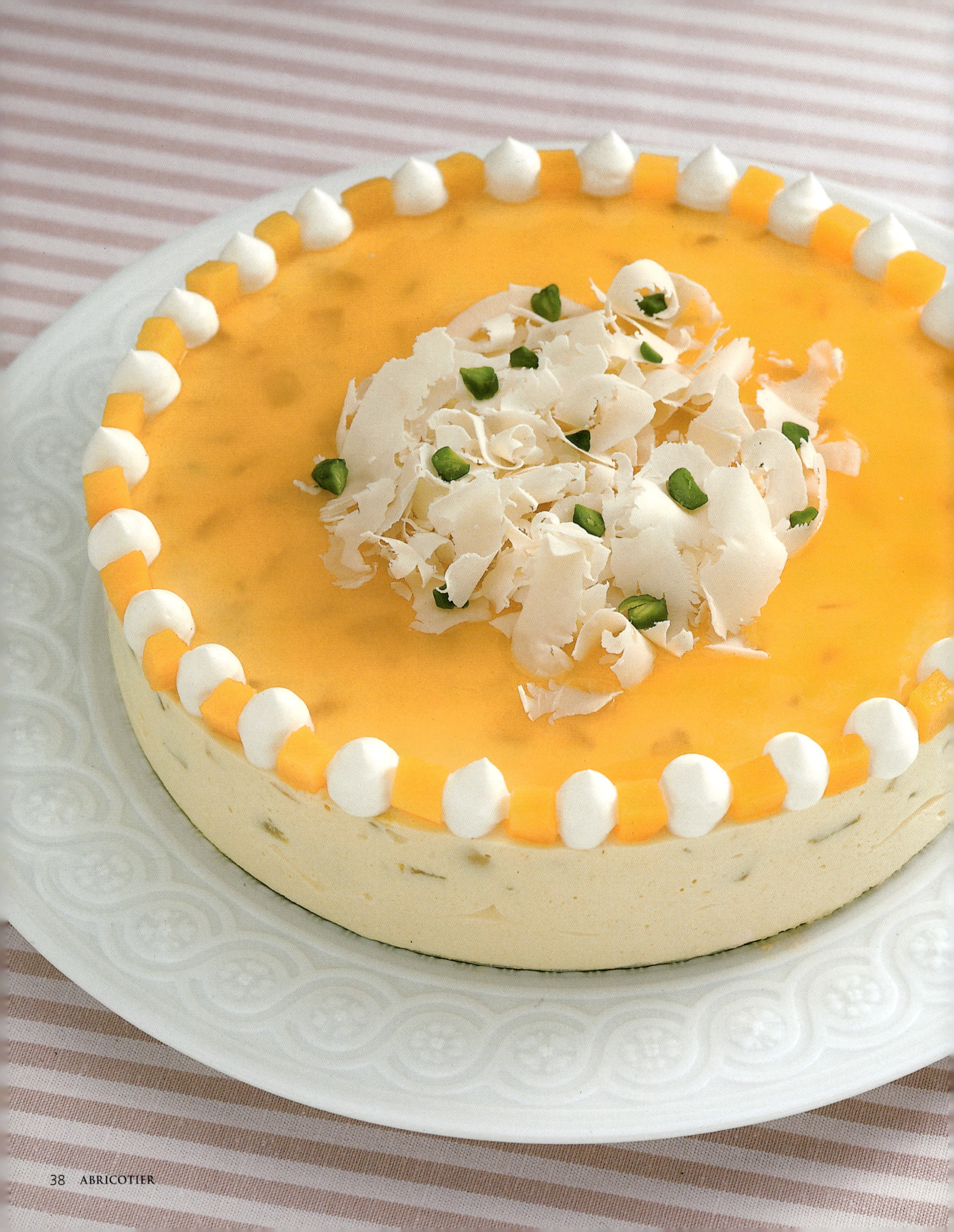

春には、やはりやわらかい春の陽射しを感じさせる
杏の思い出が心に浮かびます。
春の優しさが素直に楽しく心に満ちてきます。

杏のケーキ
ABRICOTIER / アブリコティエ

材料 直径18cmのジェノワーズ型（底がはずれるタイプ）1台分

ジェノワーズ
- 全卵 110 g（約2個分）
- グラニュー糖 80 g
- 薄力粉 35 g
- 強力粉 35 g
- バター（無塩）15 g
- 牛乳 20 g

ポンシュ
- 水 30 g
- グラニュー糖 9 g
- 杏のリキュール 12 g

杏のジュース
（ババロア、ジュレ用）
- 杏（缶詰）110 g
- 杏の缶詰のシロップ 110 g

ババロア
- 杏のジュース 100 g
- 卵黄 50 g（2～3個分）
- グラニュー糖 40 g
- スキムミルク 5 g
- ゼライス 5 g
- 水 30 g
- 杏のリキュール 30 g
- レモン汁 5 g
- バニラエッセンス 2～3滴
- 生クリーム（乳脂肪分35～42%）200 g

ガルニチュール
- 杏（缶詰）150 g

ジュレ
- 杏のジュース 100 g
- グラニュー糖 20 g
- コーンスターチ 3 g
- 杏のリキュール 10 g
- レモン汁 5 g

コポー
- ホワイトチョコレート 適量

デコレーション
- 杏（缶詰）50 g
- 生クリーム（乳脂肪分35～42%）100 g
- グラニュー糖 10 g
- ピスタチオ 適量

POINT
日本の生クリームは杏の酸にとても弱く、生クリームの状態が少しでも悪いと、でき上がったババロアは水っぽくなってしまいます。保存状態のよい新鮮な生クリームを使って作りましょう。

杏のケーキ
ABRICOTIER / アブリコティエ

下準備

1 杏のジュースを作る。材料をミキサーにかけてふるいで裏ごしする。ババロア、ジュレ用に分けておく。

2 ガルニチュール、デコレーション用の杏は7mm角に刻み、冷蔵庫で冷やしておく。

3 絞り袋に直径7mmの丸口金をつけて、冷蔵庫で冷やしておく。

作り方

1 ジェノワーズを作る。〔P20-21参照〕

2 ポンシュを作る。

手付き鍋に水、グラニュー糖を入れ、軽く沸騰させて冷まし、杏のリキュールを加え混ぜる。**a**

3 生地が冷めたら表面の焼き色を切り落とし、底を上にして厚さ1cmで2枚取り、直径16cmにする〔**P24 オランジュ・写真a参照**〕。刷毛で両面にポンシュを打つ。**b**

4 1枚は型に入れて冷凍庫で、1枚はバットに入れて冷蔵庫で冷やしておく。

5 ババロアを作る。〔P18-19参照〕

① ゼライスは水にふやかしておく。

② 生クリームを8分に泡立てて冷蔵庫で冷やしておく。

③ 手付き鍋に杏のジュースを入れ、弱火で80℃にする。

④ ③を加熱している間に、耐熱性ガラスボウルに卵黄、グラニュー糖を入れ、〈直線反復〉で白っぽくなるまでよく混ぜて、スキムミルクを加え混ぜる。

⑤ ③の1/3を④に3～4回に分けて加え、〈円〉でよく混ぜる。

⑥ さらに手早く混ぜながら、③の残りを加える。**c**

⑦ クレーム・アングレーズを作る。
ごく弱火で⑥を加熱する。片手に温度計を持ち、〈底〉で混ぜながら、4〜5分かけて80℃にする。

⑧ 80℃になったらすぐに火からおろし、①を一度に加え、〈円〉でよく混ぜる。

⑨ ゼライスが溶けたら裏ごしする。

⑩ 氷水にあて、〈底〉で手早く混ぜながら40℃にする。

⑪ 氷水からはずして、杏のリキュール、レモン汁、バニラエッセンスを加え混ぜる。再度氷水にあて、〈底〉で手早く混ぜながら18℃にする。

⑫ ②を3回に分けて加え混ぜる。1回目はひとすくい加え、〈円〉と〈すくい上げ〉で手早く混ぜる。d

d

⑬ 2回目は残りの1/2を加え、〈すくい上げ〉で手早く混ぜる。e

e

⑭ だいたい混ざったら、残り全部を加え同様に混ぜる。

⑮ 十分に混ざったら、生クリームの入っていたボウルにゴムべらで移し替える。

⑯ ホイッパーを立て、〈円〉で10回ほど混ぜる。別のボウルに1/2を入れて、ガルニチュール用の杏を加え混ぜる。

⑥ 型にババロアを流し、平らにしてもう1枚の生地をおく。杏入りのババロアを流し、平らにして冷蔵庫で2時間冷やし固める。f

f

7 ジュレを作る。

手付き鍋に杏のジュース、グラニュー糖、コーンスターチを入れ、10秒ほど沸騰させて冷ます。杏のリキュール、レモン汁を加え混ぜ、十分に冷やしておく。g

g

8 コポーを作る。

ホワイトチョコレートを少しやわらかくして、プティ・クトー(スプーンでも可)で薄く削り、冷蔵庫で冷やしておく〔P65 フォレ・ノワール・写真 g 参照〕。

9 デコレーションする。

① ⑥が完全に固まったら、熱いタオルを巻いて型からはずし〔P25 オランジュ・写真 k 参照〕、パレットナイフで表面にジュレを塗る。h

h

② 杏を1cm間隔で縁に飾る。

③ 生クリームを固く泡立ててグラニュー糖を加え混ぜ、絞り袋に入れて杏の間に絞る。i

i

④ 中央にコポーを飾り、粗く刻んだピスタチオを散らす。j

j

できあがり!

秋にはホックリした暖かさに満ちた
栗のお菓子が懐かしくなります。

栗のケーキ
NESSELRODE
/ ネッセルロードゥ

材　料　　直径18cmのジェノワーズ型（底がはずれるタイプ）1台分

ジェノワーズ
- ｛ 全卵 …… 110 g（約2個分）
- 　 グラニュー糖 …… 80 g
- 薄力粉 …… 35 g
- 強力粉 …… 35 g
- ココア …… 15 g
- ｛ バター（無塩）…… 15 g
- 　 牛乳 …… 20 g

ポンシュ
- ｛ 水 …… 30 g
- 　 グラニュー糖 …… 15 g
- ダークラム …… 9 g

ババロア
- ｛ 栗の甘露煮のシロップ …… 50 g
- 　 牛乳 …… 55 g
- ｛ 卵黄 …… 50 g（2〜3個分）
- 　 グラニュー糖 …… 20 g
- ｛ ゼライス …… 5 g
- 　 水 …… 30 g
- 栗の甘露煮 …… 100 g
- ｛ ダークラム …… 15 g
- 　 バニラエッセンス …… 2〜3滴
- 生クリーム（乳脂肪分35〜42%）…… 200 g
- ｛ ココア …… 5 g
- 　 水 …… 13 g

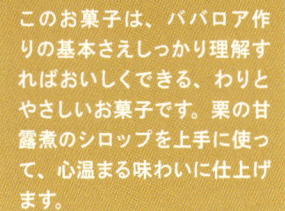

クレーム
- 栗の甘露煮 …… 200 g
- 生クリーム（乳脂肪分35〜42%）…… 100 g
- ｛ グラニュー糖 …… 10 g
- 　 バニラエッセンス …… 2〜3滴

デコレーション
- 栗の甘露煮 …… 2〜3個

POINT
このお菓子は、ババロア作りの基本さえしっかり理解すればおいしくできる、わりとやさしいお菓子です。栗の甘露煮のシロップを上手に使って、心温まる味わいに仕上げます。

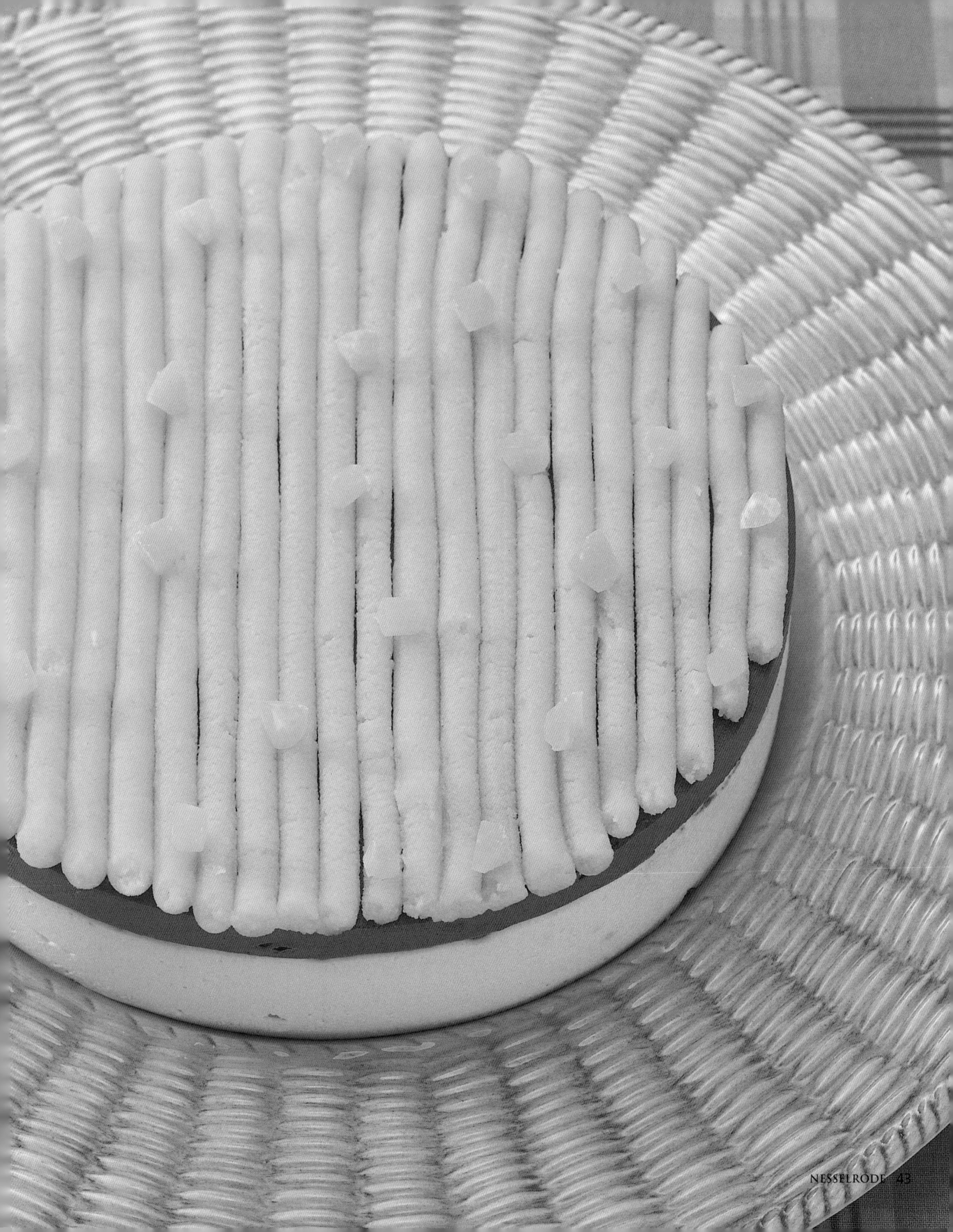

栗のケーキ
Nesselrode / ネッセルロードゥ

下準備

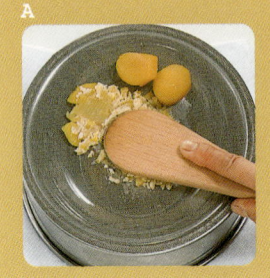

1 ジェノワーズ用のココアは薄力粉、強力粉と一緒にふるっておく。

2 ババロア、クレーム用の栗の甘露煮は裏ごしする。**A**
クレーム用は冷蔵庫で冷やしておく。

3 ババロア用のココアは水の2/3で溶き、溶けたら残りの水を加え混ぜる。

4 デコレーション用の栗の甘露煮は5mm角に刻んでおく。**B**

5 絞り袋に直径7mmの丸口金をつけて、冷蔵庫で冷やしておく。

作り方

1 ジェノワーズを作る。
〔P20-21 参照〕

2 ポンシュを作る。
手付き鍋に水、グラニュー糖を入れ、軽く沸騰させて冷まし、ダークラムを加え混ぜる。

3 生地が冷めたら表面の焼き色を切り落とし、底を上にして厚さ1cmで2枚取り、直径16cmにする〔P24 オランジュ・写真a参照〕。刷毛で両面にポンシュを打つ。

4 1枚は型に入れて冷凍庫で、1枚はバットに入れて冷蔵庫で冷やしておく。

5 ババロアを作る。
〔P18-19 参照〕

① ゼライスは水にふやかしておく。

② 生クリームを8分に泡立てて冷蔵庫で冷やしておく。

③ 手付き鍋に栗の甘露煮のシロップ、牛乳を入れ、弱火で80℃にする。

④ ③を加熱している間に、耐熱性ガラスボウルに卵黄、グラニュー糖を入れ、〈直線反復〉で白っぽくなるまでよく混ぜる。

⑤ ③の1/3を④に3〜4回に分けて加え、〈円〉でよく混ぜる。**a**

⑥ さらに手早く混ぜながら、③の残りを加える。

⑦ **クレーム・アングレーズを作る。**
ごく弱火で⑥を加熱する。片手に温度計を持ち、〈底〉で混ぜながら、4〜5分かけて80℃にする。

⑧ 80℃になったらすぐに火からおろし、①を一度に加え、〈円〉でよく混ぜる。

⑨ ゼライスが溶けたら、栗の甘露煮を加え混ぜ**b**、裏ごしする。**c**

⑩ 氷水にあて、〈底〉で手早く混ぜながら40℃にする。

⑪ 氷水からはずして、ダークラム、バニラエッセンスを加え混ぜる。再度氷水にあて、〈底〉で手早く混ぜながら18℃にする。

⑫ ②を3回に分けて加え混ぜる。1回目はひとすくい加え、〈円〉と〈すくい上げ〉で手早く混ぜる。**d**

⑬ 2回目は残りの1/2を加え、〈すくい上げ〉で手早く混ぜる。**e**

⑭ だいたい混ざったら、残り全部を加え同様に混ぜる。

⑮ 十分に混ざったら、生クリームの入っていたボウルにゴムべらで移し替える。

⑯ ホイッパーを立て、〈円〉で10回ほど混ぜる。別のボウルに1/3を入れて、水で溶いたココアを加え混ぜる。**f**

6 型にババロアを流し、平らにしてもう1枚の生地をおく。**g**
ココアのババロアを流し、平らにして冷蔵庫で2時間冷やし固める。

7 クレームを作る。

① 生クリームを8分に泡立ててグラニュー糖、バニラエッセンスを加え混ぜる。**h**

② 裏ごしした栗の甘露煮に①を加え、木べらで混ぜ、冷やしておく。**i**

8 デコレーションする。

① 6が完全に固まったら、熱いタオルを巻いて型からはずす〔P25 オランジュ・写真k参照〕。

② 絞り袋にクレームを入れて表面に絞る。**j**

③ 表面に栗の甘露煮を飾る。**k**

できあがり！

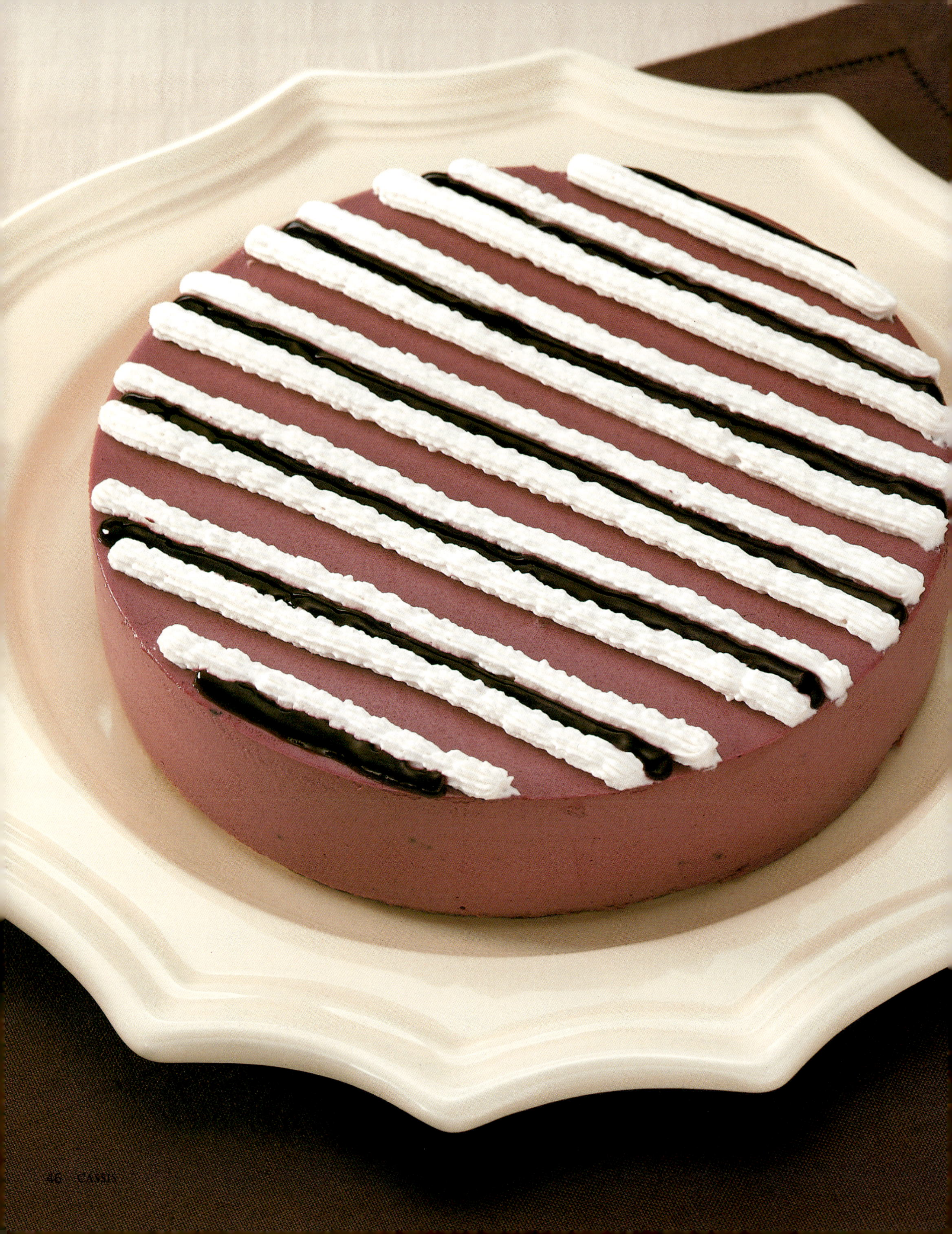

カシスはちょっと不思議な果実です。
少しとっつきにくいような味わいかもしれません。
でも人の心に懐かしく語りかける
おいしさを感じます。

カシスのケーキ
CASSIS / カシス

材料　直径18cmのジェノワーズ型（底がはずれるタイプ）1台分

ジェノワーズ
- 全卵 110 g（約2個分）
- グラニュー糖 80 g
- 薄力粉 35 g
- 強力粉 35 g
- バター（無塩） 15 g
- 牛乳 20 g

カシスのジュース
（ポンシュ、ババロア、ジュレ用）
- 冷凍カシス 350 g
- 水 90 g

ポンシュ
- カシスのジュース 40 g
- 粉糖 15 g
- カシスのリキュール 20 g

ババロア
- カシスのジュース 150 g
- 卵黄 50 g（2〜3個分）
- グラニュー糖 80 g
- スキムミルク 10 g
- ゼライス 5 g
- 水 30 g
- カシスのリキュール 50 g
- ホワイトラム 20 g
- バニラエッセンス 2〜3滴
- 生クリーム（乳脂肪分35〜42%） 150 g

ジュレ
- カシスのジュース 100 g
- グラニュー糖 30 g
- コーンスターチ 4 g
- カシスのリキュール 10 g

デコレーション
- 生クリーム（乳脂肪分35〜42%） 100 g
- グラニュー糖 10 g

POINT
もちろん、深い味わいのカシスを使います。ビン詰などのジュースは、高い温度で加熱されているので、香りと味がほとんどありません。カシスのジュースを作るとき、頑張ってしっかり裏ごししてジュースを取ってください。

カシスのケーキ
CASSIS / カシス

下準備

1 カシスのジュースを作る。
冷凍カシスと水をミキサーにかけて **A**、裏ごしする。**B**
ポンシュ、ババロア、ジュレ用に分けておく。

2 絞り袋に直径5mm切れ数10の星口金をつけて、冷蔵庫で冷やしておく。

作り方

1 ジェノワーズを作る。
〔P20-21 参照〕

2 ポンシュを作る。
カシスのジュース、粉糖、カシスのリキュールを合わせて混ぜる。

3 生地が冷めたら表面の焼き色を切り落とし、底を上にして厚さ1cmで2枚取り、直径16cmにする〔P24 オランジュ・写真a 参照〕。刷毛で両面にポンシュを打つ。**a**

4 1枚は型に入れて冷凍庫で、1枚はバットに入れて冷蔵庫で冷やしておく。

5 ババロアを作る。
〔P18-19 参照〕
① ゼライスは水にふやかしておく。
② 生クリームを8分に泡立てて冷蔵庫で冷やしておく。
③ 手付き鍋にカシスのジュースを入れ、弱火で80℃にする。
④ ③を加熱している間に、耐熱性ガラスボウルに卵黄、グラニュー糖を入れ、〈直線反復〉で白っぽくなるまでよく混ぜて、スキムミルクを加え混ぜる。

⑤ ③の1/3を④に3～4回に分けて加え、〈円〉でよく混ぜる。**b**

⑥ さらに手早く混ぜながら、③の残りを加える。**c**

⑦ クレーム・アングレーズを作る。
ごく弱火で⑥を加熱する。片手に温度計を持ち、〈底〉で混ぜながら、4〜5分かけて80℃にする。

⑧ 80℃になったらすぐに火からおろし、①を一度に加え、〈円〉でよく混ぜる。

⑨ ゼライスが溶けたら裏ごしする。

⑩ 氷水にあて、〈底〉で手早く混ぜながら40℃にする。

⑪ 氷水からはずして、カシスのリキュール、ホワイトラム、バニラエッセンスを加え混ぜる。再度氷水にあて、〈底〉で手早く混ぜながら18℃にする。

⑫ ②を3回に分けて加え混ぜる。1回目はひとすくい加え、〈円〉と〈すくい上げ〉で手早く混ぜる。

⑬ 2回目は残りの1/2を加え、〈すくい上げ〉で手早く混ぜる。d

⑭ だいたい混ざったら、残り全部を加え同様に混ぜる。

⑮ 十分に混ざったら、生クリームの入っていたボウルにゴムべらで移し替える。

⑯ ホイッパーを立て、〈円〉で10回ほど混ぜる。e

⑥ 型にババロアの1/2を流し、平らにしてもう1枚の生地をおく。残りのババロアを流し、平らにして冷蔵庫で2時間冷やし固める。

7 ジュレを作る。

手付き鍋にカシスのジュース、グラニュー糖、コーンスターチを入れ、10秒ほど沸騰させて冷ます。カシスのリキュールを加え混ぜ、十分に冷やしておく。f

8 デコレーションする。

① ⑥が完全に固まったら、熱いタオルを巻いて型からはずす〔P25 オランジュ・写真k参照〕。

② 生クリームを固く泡立ててグラニュー糖を加え混ぜ、絞り袋に入れて表面に絞る。g

③ パラフィン紙でコルネを作る。ジュレを入れて先端を直径1mmに切り、生クリームの間に絞る。h

できあがり！

コルネの作り方

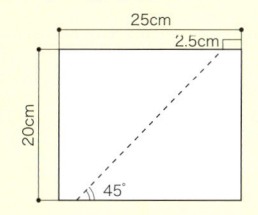

1 20cm×25cmの長方形の紙を図の点線位置で切る。

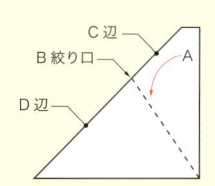

2 図のB点を中心に、紙のA側から円錐形に中に3回巻き込む。

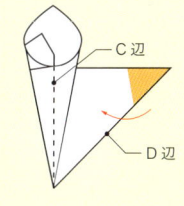

3 最後にC辺とD辺を合わせる。

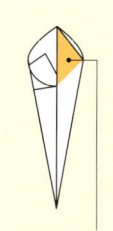

4 この部分を中に折り込み、ズレないように止める。

ほとんどの人がかぼちゃに似合いのイメージは
素朴さだと思われるでしょう。
でも、もちろん暖かさはあるのですが、
少し気取った素振りも似合うようなのです。

かぼちゃのケーキ
POTIRON / ポティロン

材 料
長さ 24.5cm・幅 7.5cm・
高さ 5.5cmのトヨ型 1台分

ジェノワーズ
- 全卵 ………… 110 g（約2個分）
- グラニュー糖 ………… 80 g
- 薄力粉 ………… 35 g
- 強力粉 ………… 35 g
- バター（無塩）………… 15 g
- 牛乳 ………… 20 g

かぼちゃのペースト
（ババロア、クレーム用）
- かぼちゃ（皮付き）………… 500 g

ポンシュ
- 水 ………… 30 g
- グラニュー糖 ………… 15 g
- ダークラム ………… 9 g

ババロア
- 牛乳 ………… 105 g
- 卵黄 ………… 50 g（2〜3個分）
- グラニュー糖 ………… 40 g
- ゼライス ………… 5 g
- 水 ………… 30 g
- かぼちゃのペースト ………… 100 g
- ダークラム ………… 10 g
- バニラエッセンス ………… 2〜3滴
- 生クリーム（乳脂肪分 35〜42%）
   ………… 230 g

クレーム
- かぼちゃのペースト ………… 200 g
- 生クリーム（乳脂肪分 35〜42%）
   ………… 66 g
- グラニュー糖 ………… 30 g

POINT

えびすかぼちゃが一番多く使われるようですが、水気の少ないものであればどの種類でもかまいません。水気の少ないかぼちゃは、本当にホックリした暖かい味わいを作り出します。

かぼちゃのケーキ
POTIRON / ポティロン

下準備

1 ジェノワーズに使う正方形（18cm×18cm）の金枠がない場合、枠を作り〔P28パッションフルーツ・下準備 1 参照〕、底と横に紙を敷いておく。

2 かぼちゃのペーストを作る。
かぼちゃを柔らかめに蒸して、皮をむいて裏ごしする。
ババロア、クレーム用に分けて、クレーム用は冷蔵庫で冷やしておく。

3 絞り袋に平口金をつけて、冷蔵庫で冷やしておく。

4 型は冷凍庫で冷やしておく。

作り方

1 ジェノワーズを作る。
〔P20-21 参照〕

2 ポンシュを作る。
手付き鍋に水、グラニュー糖を入れ、軽く沸騰させて冷まし、ダークラムを加え混ぜる。

3 生地が冷めたら表面の焼き色を切り落とし、底を上にして厚さ1cmでスライスする。24.5cm×7.5cmを1枚、24.5cm×5cmを1枚、つぎはぎして取る。**a**
刷毛で両面にポンシュを打つ。

4 バットに入れて冷蔵庫で冷やしておく。

5 ババロアを作る。
〔P18-19 参照〕

① ゼライスは水にふやかしておく。

② 生クリームを8分に泡立てて冷蔵庫で冷やしておく。

③ 手付き鍋に牛乳を入れ、弱火で80℃にする。

④ ③を加熱している間に、耐熱性ガラスボウルに卵黄、グラニュー糖を入れ、〈直線反復〉で白っぽくなるまでよく混ぜる。

⑤ ③の1/3を④に3〜4回に分けて加え、〈円〉でよく混ぜる。**b**

⑥ さらに手早く混ぜながら、③の残りを加える。**c**

52　POTIRON

⑦ クレーム・アングレーズを作る。
ごく弱火で⑥を加熱する。片手に温度計を持ち、〈底〉で混ぜながら、4〜5分かけて80℃にする。

⑧ 80℃になったらすぐに火からおろし、①を一度に加え、〈円〉でよく混ぜる。

⑨ ゼライスが溶けたら、かぼちゃのペーストを加え混ぜ d、裏ごしする。

⑩ 氷水にあて、〈底〉で手早く混ぜながら40℃にする。

⑪ 氷水からはずして、ダークラム、バニラエッセンスを加え混ぜる。再度氷水にあて、〈底〉で手早く混ぜながら18℃にする。

⑫ ②を3回に分けて加え混ぜる。1回目はひとすくい加え、〈円〉と〈すくい上げ〉で手早く混ぜる。e

⑬ 2回目は残りの1/2を加え、〈すくい上げ〉で手早く混ぜる。f

⑭ だいたい混ざったら、残り全部を加え同様に混ぜる。

⑮ 十分に混ざったら、生クリームの入っていたボウルにゴムべらで移し替える。

⑯ ホイッパーを立て、〈円〉で10回ほど混ぜる。g

6 型にババロアの1/2を流し、平らにして24.5cm×5cmの生地をおく。残りのババロアを流し、平らにして24.5cm×7.5cmの生地をおいて、冷蔵庫で2時間冷やし固める。h

7 クレームを作る。

① 生クリームを8分に泡立てて、グラニュー糖を加え混ぜる。

② かぼちゃのペーストに①を加え、木べらで混ぜ、冷やしておく。i

8 デコレーションする。

① 6が完全に固まったら、底を上にして熱いタオルを巻いて型からはずす〔P29 パッションフルーツ・写真j 参照〕。

② 絞り袋にクレームを入れて表面に絞り j、フォークをぬるま湯につけながら、表面に模様をつける。k

できあがり！

紅茶のお菓子は、やはりしっとりと仕上げたいのです。
でも淡さだけではなく、
心のどこかをツンとつくような芯の強さも与えれば、
おどろくほどに紅茶の表情も変わります。

紅茶のケーキ

CINQ À SEPT / サンク・ア・セットゥ

材料　直径18cmのジェノワーズ型（底がはずれるタイプ）1台分

ジェノワーズ
- 全卵 …………… 110 g（約2個分）
- グラニュー糖 ………… 80 g
- 薄力粉 ………………… 35 g
- 強力粉 ………………… 35 g
- 紅茶の葉（アールグレイ）… 7 g
- バター（無塩）………… 15 g
- 牛乳 …………………… 20 g

ポンシュ
- 水 ……………………… 30 g
- グラニュー糖 ………… 15 g
- ウィスキー …………… 9 g

紅茶を煮出した牛乳
（ババロア、ガナッシュ用）
- 牛乳 …………………… 250 g
- 紅茶の葉（アールグレイ）… 14 g

ババロア
- 紅茶を煮出した牛乳 … 100 g
- 卵黄 ………… 50 g（2〜3個分）
- グラニュー糖 ………… 50 g
- ゼライス ……………… 5 g
- 水 ……………………… 30 g
- ウィスキー …………… 15 g
- バニラエッセンス … 2〜3滴
- 生クリーム（乳脂肪分35〜42%）
  …………………………… 230 g

ガナッシュ
- 紅茶を煮出した牛乳 … 70 g
- ミルクチョコレート … 150 g

デコレーション
- 生クリーム（乳脂肪分35〜42%）
  …………………………… 適量

POINT
紅茶は必ずアールグレイを使います。他の種類を使うと、紅茶の香りと味が他の素材の中に隠れてしまいます。

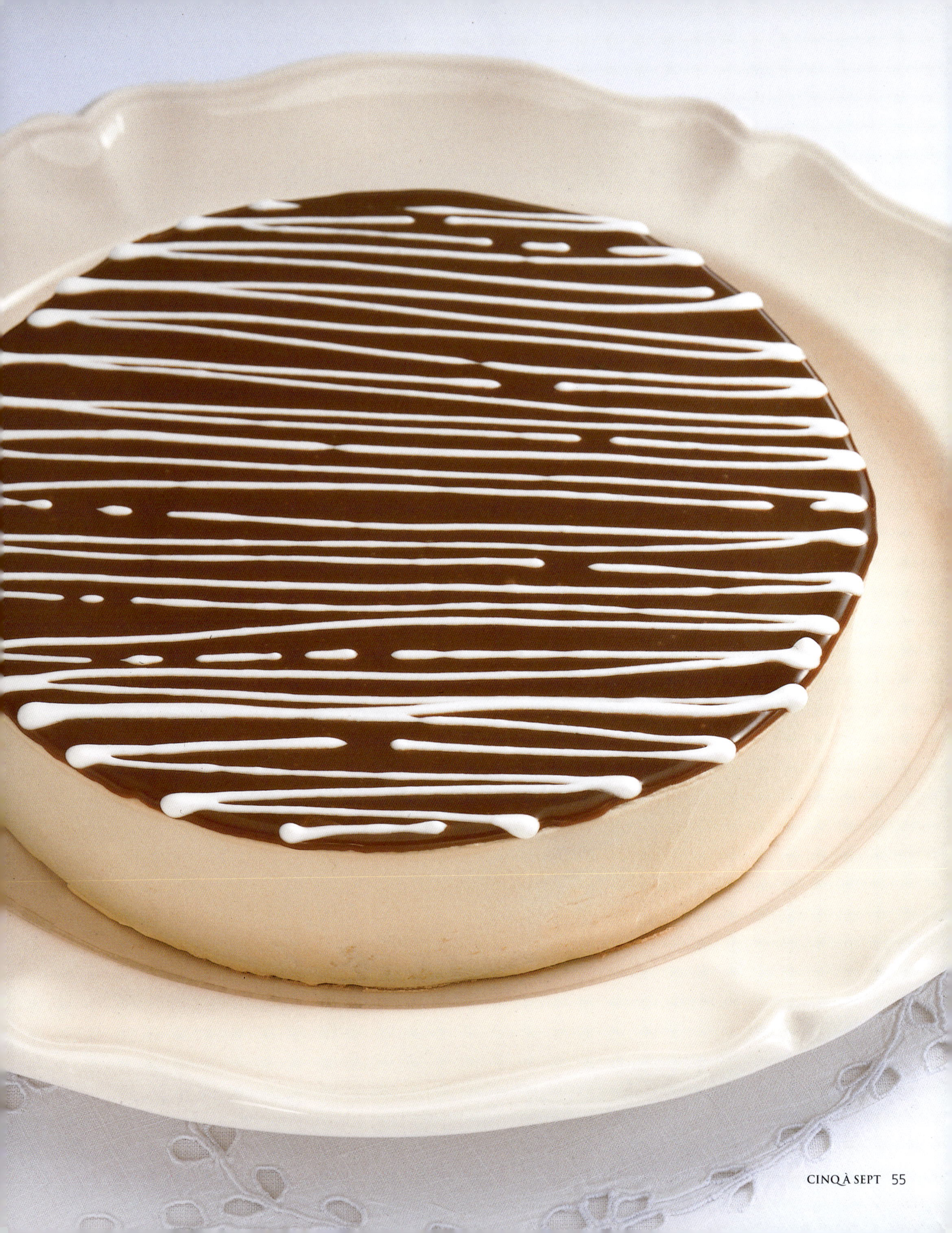

紅茶のケーキ
CINQ À SEPT / サンク・ア・セットゥ

下準備

1 ジェノワーズ用の紅茶の葉はミキサーで粉末にし、ふるった薄力粉、強力粉の上にあけておく。

2 ガナッシュ用のミルクチョコレートは細かく刻んでおく。

作り方

1 ジェノワーズを作る。
〔P20-21 参照〕

2 ポンシュを作る。
手付き鍋に水、グラニュー糖を入れ、軽く沸騰させて冷まし、ウィスキーを加え混ぜる。

3 紅茶を煮出した牛乳を作る。
牛乳を軽く沸騰させて紅茶の葉を入れ、1分沸騰させる。火からおろし、フタをして5分蒸らしてこす。葉を強く押して搾り出す。**a**
ババロア、ガナッシュ用に分けておく。

4 生地が冷めたら表面の焼き色を切り落とし、底を上にして厚さ1cmで2枚取り、直径16cmにする〔**P24 オランジュ・写真 a 参照**〕。刷毛で両面にポンシュを打つ。**b**

5 1枚は型に入れて冷凍庫で、1枚はバットに入れて冷蔵庫で冷やしておく。

6 ババロアを作る。
〔P18-19 参照〕
① ゼライスは水にふやかしておく。

② 生クリームを8分に泡立てて冷蔵庫で冷やしておく。

③ 手付き鍋に **3** を入れ、弱火で80℃にする。

④ ③を加熱している間に、耐熱性ガラスボウルに卵黄、グラニュー糖を入れ、〈直線反復〉で白っぽくなるまでよく混ぜる。

⑤ ③の1/3を④に3〜4回に分けて加え、〈円〉でよく混ぜる。

⑥ さらに手早く混ぜながら、③の残りを加える。c

⑦ クレーム・アングレーズを作る。
ごく弱火で⑥を加熱する。片手に温度計を持ち、〈底〉で混ぜながら、4〜5分かけて80℃にする。

⑧ 80℃になったらすぐに火からおろし、①を一度に加え、〈円〉でよく混ぜる。

⑨ ゼライスが溶けたら裏ごしする。d

⑩ 氷水にあて、〈底〉で手早く混ぜながら40℃にする。

⑪ 氷水からはずして、ウィスキー、バニラエッセンスを加え混ぜる。再度氷水にあて、〈底〉で手早く混ぜながら18℃にする。

⑫ ②を3回に分けて加え混ぜる。1回目はひとすくい加え、〈円〉と〈すくい上げ〉で手早く混ぜる。e

⑬ 2回目は残りの1/2を加え、〈すくい上げ〉で手早く混ぜる。f

⑭ だいたい混ざったら、残り全部を加え同様に混ぜる。

⑮ 十分に混ざったら、生クリームの入っていたボウルにゴムべらで移し替える。

⑯ ホイッパーを立て、〈円〉で10回ほど混ぜる。g

7 型にババロアの1/2を流し、平らにしてもう1枚の生地をおく。残りのババロアを流し、平らにして冷蔵庫で2時間冷やし固める。

8 ガナッシュを作る。

3を軽く沸騰させて火からおろし、ミルクチョコレートを一度に加え混ぜる。完全に溶けてからさらに50回くらい混ぜて、十分に冷やしておく。h

9 デコレーションする。

① **7**が完全に固まったら、熱いタオルを巻いて型からはずし〔P25 オランジュ・写真k参照〕、パレットナイフで表面にガナッシュを塗る。i

② 生クリームを少しとろみがつくらいに泡立てる。コルネ〔P49 カシス・コルネの作り方参照〕に入れて先端を直径1mmに切り、表面に絞る。j

できあがり！

CINQ À SEPT 57

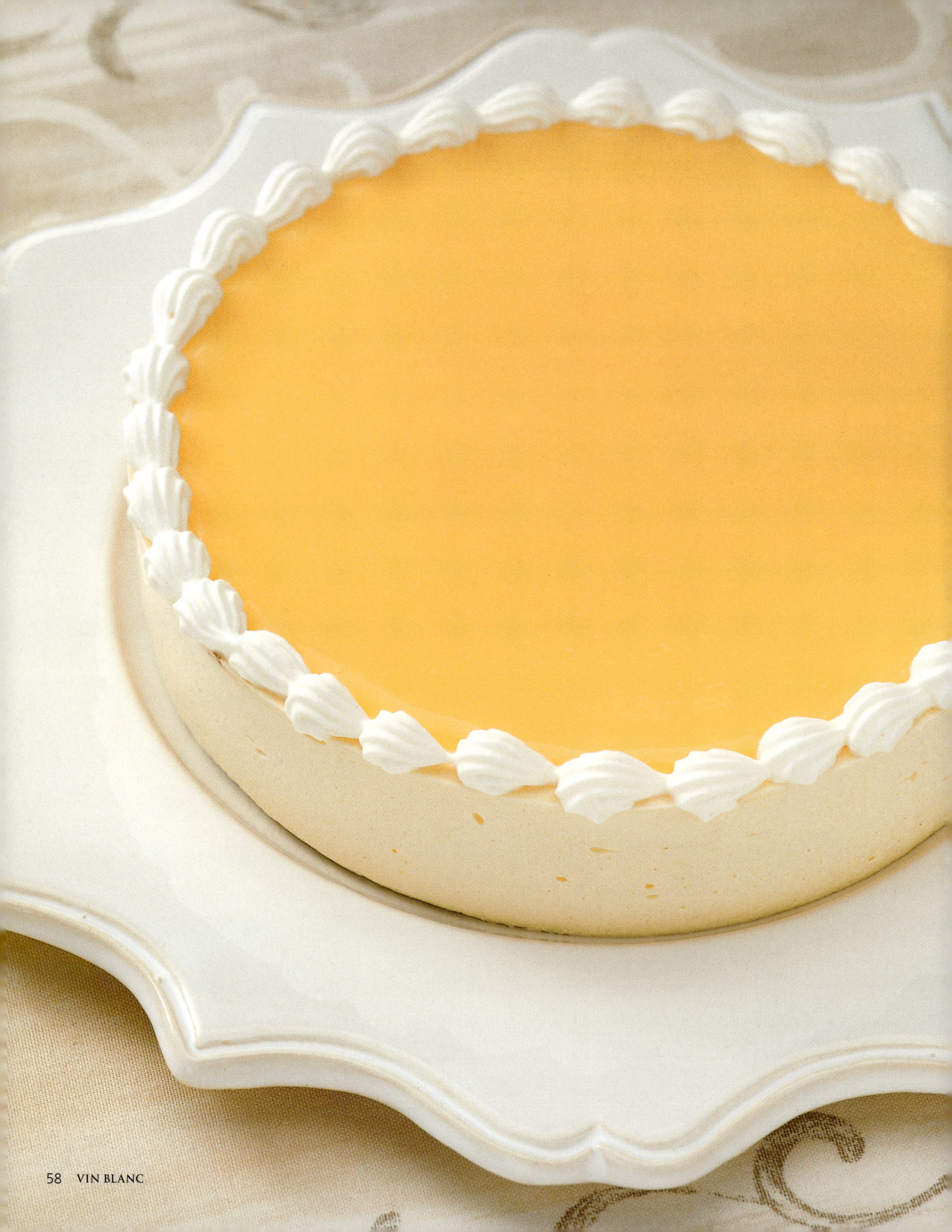

優しい白ワインの香りは
人の心をしっとりとそしてちょっとものうげにします。
何かしら心に静かな広がりを与えてくれます。
いつもの、少し騒々しい時間を忘れさせてくれるのです。

白ワインのケーキ
Vin Blanc / ヴァン・ブラン

材料　直径18cmのジェノワーズ型（底がはずれるタイプ）1台分

ジェノワーズ
- 全卵 …………… 110 g（約2個分）
- グラニュー糖 …………… 80 g
- 薄力粉 …………… 35 g
- 強力粉 …………… 35 g
- バター（無塩） …………… 15 g
- 牛乳 …………… 20 g

ポンシュ
- 白ワイン …………… 50 g
- グラニュー糖 …………… 4 g
- レモンの皮 …………… 1/2 個分
- グラニュー糖 …………… 適量

ババロア
- 白ワイン …………… 125 g
- 卵黄 …………… 50 g（2〜3個分）
- グラニュー糖 …………… 50 g
- ゼライス …………… 5 g
- 水 …………… 30 g
- レモン汁 …………… 15 g
- 生クリーム（乳脂肪分35〜42%）
  …………… 230 g

クレーム
- 卵黄 …………… 20 g（約1個分）
- グラニュー糖 …………… 20 g
- コーンスターチ …………… 5 g
- 白ワイン …………… 110 g

デコレーション
- 生クリーム（乳脂肪分35〜42%）
  …………… 100 g
- グラニュー糖 …………… 10 g

POINT
安価で若いワインで十分です。できれば甘口の香り高いものを使ってください。よりしっくりとした親しみやすい味わいになります。

白ワインのケーキ
VIN BLANC / ヴァン・ブラン

下準備

1 絞り袋に直径7mm切れ数8〜10の星口金をつけて、冷蔵庫で冷やしておく。

作り方

1 ジェノワーズを作る。
〔P20-21参照〕

2 ポンシュを作る。

① レモンの皮をすりおろす。香りを出すために、プラスチックの板の上でグラニュー糖と合わせて、パレットナイフですり潰す。**a**

② 白ワイン、グラニュー糖を合わせたものに、①を加え混ぜる。**b**

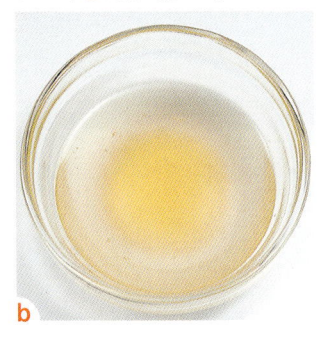

3 生地が冷めたら表面の焼き色を切り落とし、底を上にして厚さ1cmで2枚取り、直径16cmにする〔P24 オランジュ・写真a参照〕。刷毛で両面にポンシュを打つ。

4 1枚は型に入れて冷凍庫で、1枚はバットに入れて冷蔵庫で冷やしておく。

5 ババロアを作る。
〔P18-19参照〕

① ゼライスは水にふやかしておく。

② 生クリームを8分に泡立てて冷蔵庫で冷やしておく。

③ 耐熱性ガラスボウルに卵黄、グラニュー糖を入れ、〈直線反復〉で白っぽくなるまでよく混ぜる。

④ 白ワインを加熱しないで冷たいまま、③に少しずつ加え、〈円〉でよく混ぜる。**c**

⑤ **クレーム・アングレーズを作る。**
ごく弱火で④を加熱する。片手に温度計を持ち、〈底〉で混ぜながら、4〜5分かけて80℃にする。

⑥ 80℃になったらすぐに火からおろし、①を一度に加え、〈円〉でよく混ぜる。

⑦ ゼライスが溶けたら裏ごしする。**d**

⑧ 氷水にあて、〈底〉で手早く混ぜながら40℃にする。

⑨ 氷水からはずして、レモン汁を加え混ぜる。**e**
再度氷水にあて、〈底〉で手早く混ぜながら18℃にする。

⑩ ②を3回に分けて加え混ぜる。1回目はひとすくい加え、〈円〉と〈すくい上げ〉で手早く混ぜる。f

f

⑪ 2回目は残りの1/2を加え、〈すくい上げ〉で手早く混ぜる。g

g

⑫ だいたい混ざったら、残り全部を加え同様に混ぜる。

⑬ 十分に混ざったら、生クリームの入っていたボウルにゴムべらで移し替える。

⑭ ホイッパーを立て、〈円〉で10回ほど混ぜる。h

h

6 型にババロアの1/2を流し、平らにしてもう1枚の生地をおく。残りのババロアを流し、平らにして冷蔵庫で2時間冷やし固める。

7 クレームを作る。

① ボウルに卵黄を入れてホイッパーでほぐし、グラニュー糖を加え混ぜる。コーンスターチを加え混ぜる。

② 白ワインを少しずつ加え混ぜ、手付き鍋に移し替えて、強火で10秒ほど沸騰させ、手早く練り上げる。

③ 裏ごしして、十分に冷やしておく。i

i

8 デコレーションする。

① **6**が完全に固まったら、熱いタオルを巻いて型からはずし〔**P25 オレンジ・写真k参照**〕、パレットナイフで表面にクレームを塗る。j

j

② 生クリームを固く泡立ててグラニュー糖を加え混ぜ、絞り袋に入れて縁に絞る。k

k

できあがり！

チョコレートの
ケーキ

Forêt Noire / フォレ・ノワール

材料　直径18cmのジェノワーズ型（底がはずれるタイプ）1台分

ジェノワーズ
- 全卵 ……………… 110 g（約2個分）
- グラニュー糖 ………………… 80 g
- 薄力粉 …………………………… 35 g
- 強力粉 …………………………… 35 g
- ココア …………………………… 15 g
- バター（無塩） ………………… 15 g
- 牛乳 ……………………………… 20 g

ポンシュ
- 水 ………………………………… 40 g
- グラニュー糖 ………………… 20 g
- ココア …………………………… 10 g

ババロア
- 牛乳 …………………………… 150 g
- ココア …………………………… 30 g
- 卵黄 ……………… 54 g（2〜3個分）
- グラニュー糖 ………………… 80 g
- ゼライス ………………………… 5 g
- 水 ………………………………… 30 g
- スイートチョコレート ………… 30 g
- バニラエッセンス ………… 2〜3滴
- 生クリーム（乳脂肪分35〜42%）
  ……………………………… 200 g

シャンティイ・ショコラ
- 牛乳 ……………………………… 90 g
- スイートチョコレート ………… 90 g
- 生クリーム（乳脂肪分35〜42%）
  ………………………………… 90 g

コポー
- スイートチョコレート ………… 適量

誰もが大好きなチョコレートのお菓子は、
ちょっと贅沢な気分になるような華やかさを感じさせるように
しっかりと豊かな味わいに作ります。
あまりあっさり仕上げては淋しい感じになってしまいます。

チョコレートのケーキ
FORÊT NOIRE / フォレ・ノワール

下準備

1. ジェノワーズ用のココアは薄力粉、強力粉と一緒にふるっておく。 
2. ポンシュ、ババロア用のココアはふるっておく。
3. ババロア、シャンティイ・ショコラ用のスイートチョコレートは細かく刻んでおく。

作り方

1 ジェノワーズを作る。
〔P20-21 参照〕

POINT
ジェノワーズは、ココアが入ると泡がつぶれやすいので、ゆっくりていねいに混ぜます。

2 ポンシュを作る。
手付き鍋に水、グラニュー糖を入れ、軽く沸騰させて、ココアを少しずつ加え混ぜる。

3 生地が冷めたら表面の焼き色を切り落とし、底を上にして厚さ1cmで2枚取る〔P24 オランジュ・写真a参照〕。刷毛で両面に80℃にしたポンシュを打つ。

4 1枚は型に入れて冷凍庫で、1枚はバットに入れて冷蔵庫で冷やしておく。

5 ババロアを作る。
〔P18-19 参照〕
① ゼライスは水にふやかしておく。
② 生クリームを8分に泡立てて冷蔵庫で冷やしておく。
③ 牛乳にココアを溶かして、手付き鍋に入れ、弱火で80℃にする。a
④ ③を加熱している間に、耐熱性ガラスボウルに卵黄、グラニュー糖を入れ、〈直線反復〉で白っぽくなるまでよく混ぜる。
⑤ ③の1/3を④に3～4回に分けて加え、〈円〉でよく混ぜる。
⑥ さらに手早く混ぜながら、③の残りを加える。b
⑦ クレーム・アングレーズを作る。ごく弱火で⑥を加熱する。片手に温度計を持ち、〈底〉で混ぜながら、4～5分かけて80℃にする。

64 FORÊT NOIRE

コポー

フランス語で「かんなくず」という意味です。様々な形がありますが、このお菓子のように優しい味わいのものには薄く削ったコポーを使います。他には厚く削ったもの、細いものなどがあります。

⑧ 80℃になったらすぐに火からおろし、①を一度に加え、〈円〉でよく混ぜる。

⑨ ゼライスが溶けたら、スイートチョコレートを加え混ぜ c 、裏ごしする。

c

⑩ 氷水にあて、〈底〉で手早く混ぜながら40℃にする。

⑪ 氷水からはずして、バニラエッセンスを加え混ぜる。再度氷水にあて、〈底〉で手早く混ぜながら18℃にする。

⑫ ②を3回に分けて加え混ぜる。1回目はひとすくい加え、〈円〉と〈すくい上げ〉で手早く混ぜる。

⑬ 2回目は残りの1/2を加え、〈すくい上げ〉で手早く混ぜる。 d

d

⑭ だいたい混ざったら、残り全部を加え同様に混ぜる。

⑮ 十分に混ざったら、生クリームの入っていたボウルにゴムべらで移し替える。

⑯ ホイッパーを立て、〈円〉で10回ほど混ぜる。 e

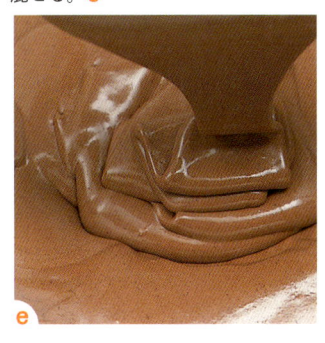

e

⑥ 型にババロアの1/2を流し、平らにしてもう1枚の生地をおく。残りのババロアを流し、平らにして冷蔵庫で2時間冷やし固める。

7 シャンティイ・ショコラを作る。

① 牛乳を軽く沸騰させて火からおろし、スイートチョコレートを一度に加えホイッパーで混ぜる。完全に溶けてからさらに50回混ぜて、十分に冷やしておく。

② 生クリームを8分に泡立てて、①を一度に加える。ババロアに塗れるくらいの固さに泡立てて、冷やしておく。 f

f

8 コポーを作る。

スイートチョコレートを少しやわらかくして、プティ・クトー（スプーンでも可）で薄く削り、冷蔵庫で冷やしておく。 g

g

9 デコレーションする。

① ⑥が完全に固まったら、熱いタオルを巻いて型からはずし〔P25 オランジュ・写真k参照〕、パレットナイフで表面と側面にシャンティイ・ショコラを塗る。 h

h

② 表面にコポーを飾る。 i

i

できあがり！

FORÊT NOIRE

66 BRÉSILIEN

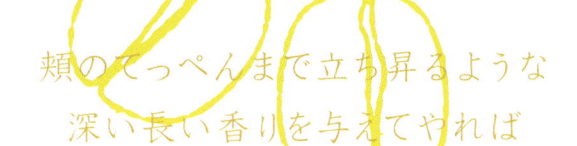

頬のてっぺんまで立ち昇るような
深い長い香りを与えてやれば
コーヒーは本当にノーブルな表情を見せてくれます。
そして3時のお供に、
いつもと違った静かに流れる時を与えてくれます。

コーヒーのケーキ

BRÉSILIEN / ブレジリアン

材料　直径18cmのジェノワーズ型（底がはずれるタイプ）1台分

ジェノワーズ
- 全卵 …………… 110 g（約2個分）
- グラニュー糖 …………… 80 g
- 薄力粉 …………… 35 g
- 強力粉 …………… 35 g
- インスタントコーヒー …… 6 g
- バター（無塩） …………… 15 g
- 牛乳 …………… 20 g

ポンシュ
- 水 …………… 30 g
- グラニュー糖 …………… 15 g
- ウィスキー …………… 9 g

ババロア
- 牛乳 …………… 105 g
- 卵黄 …………… 50 g（2〜3個分）
- グラニュー糖 …………… 50 g
- ゼライス …………… 5 g
- 水 …………… 30 g
- インスタントコーヒー …… 9 g
- 水 …………… 9 g
- ウィスキー …………… 15 g
- バニラエッセンス …… 2〜3滴
- 生クリーム（乳脂肪分 35〜42%） …………… 230 g

クレーム
- 生クリーム（乳脂肪分 35〜42%） …………… 75 g
- グラニュー糖 …………… 15 g
- バニラエッセンス …… 2〜3滴
- インスタントコーヒー …… 2 g
- 水 …………… 2 g

POINT

コーヒーは香りが命です。特にお菓子に使う場合は、他の材料と混ぜ込むので、他の材料に負けない強さが必要です。深い香りのバニラエッセンスは、コーヒーに大きな力を与えます。

コーヒーのケーキ
BRÉSILIEN / ブレジリアン

下準備

1 ジェノワーズ用のインスタントコーヒーは薄力粉、強力粉と一緒にふるっておく。

2 ババロア、クレーム用のインスタントコーヒーは水で溶いておく。

作り方

1 ジェノワーズを作る。
〔P20-21 参照〕

2 ポンシュを作る。
手付き鍋に水、グラニュー糖を入れ、軽く沸騰させて冷まし、ウィスキーを加え混ぜる。

3 生地が冷めたら表面の焼き色を切り落とし、底を上にして厚さ1cmで2枚取り、直径16cmにする〔P24 オランジュ・写真a参照〕。刷毛で両面にポンシュを打つ。

4 1枚は型に入れて冷凍庫で、1枚はバットに入れて冷蔵庫で冷やしておく。

5 ババロアを作る。
〔P18-19 参照〕
① ゼライスは水にふやかしておく。

② 生クリームを8分に泡立てて冷蔵庫で冷やしておく。

③ 手付き鍋に牛乳を入れ、弱火で80℃にする。

④ ③を加熱している間に、耐熱性ガラスボウルに卵黄、グラニュー糖を入れ、〈直線反復〉で白っぽくなるまでよく混ぜる。

⑤ ③の1/3を④に3〜4回に分けて加え、〈円〉でよく混ぜる。a

⑥ さらに手早く混ぜながら、③の残りを加える。b

⑦ クレーム・アングレーズを作る。
ごく弱火で⑥を加熱する。片手に温度計を持ち、〈底〉で混ぜながら、4〜5分かけて80℃にする。

⑧ 80℃になったらすぐに火からおろし、①を一度に加え、〈円〉でよく混ぜる。

⑨ ゼライスが溶けたら、水で溶いたインスタントコーヒーを加え混ぜ **c**、裏ごしする。

⑩ 氷水にあて、〈底〉で手早く混ぜながら40℃にする。

⑪ 氷水からはずして、ウィスキー、バニラエッセンスを加え混ぜる。**d**
再度氷水にあて、〈底〉で手早く混ぜながら18℃にする。

⑫ ②を3回に分けて加え混ぜる。1回目はひとすくい加え、〈円〉と〈すくい上げ〉で手早く混ぜる。**e**

⑬ 2回目は残りの1/2を加え、〈すくい上げ〉で手早く混ぜる。**f**

⑭ だいたい混ざったら、残り全部を加え同様に混ぜる。

⑮ 十分に混ざったら、生クリームの入っていたボウルにゴムべらで移し替える。

⑯ ホイッパーを立て、〈円〉で10回ほど混ぜる。**g**

6 型にババロアの1/2を流し、平らにしてもう1枚の生地をおく。残りのババロアを流し、平らにして冷蔵庫で2時間冷やし固める。

7 クレームを作る。

生クリームを軽く泡立てて、グラニュー糖、バニラエッセンスと水で溶いたインスタントコーヒーを加え混ぜる。少しとろみがつくくらいに泡立てて、冷やしておく。**h**

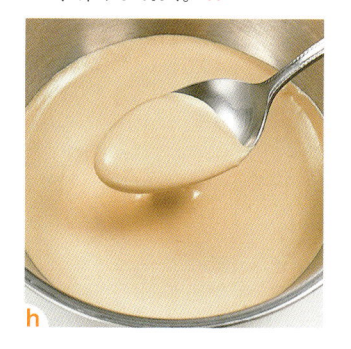

8 デコレーションする。

6が完全に固まったら、熱いタオルを巻いて型からはずし〔**P25 オランジュ・写真 k 参照**〕、パレットナイフで表面にクレームをベールのように流す。**i**

できあがり！

BRÉSILIEN 69

砂糖を焦がしたキャラメルは
暖かさに満ちた素朴な味わいがあります。
確かに溶け合った甘さと苦さの重なり合いには
人の心をほっとさせるものがあるようです。

キャラメルのケーキ
CARAMEL / キャラメル

材料　直径18cmのジェノワーズ型（底がはずれるタイプ）1台分

ジェノワーズ
- 全卵 …………… 110 g（約2個分）
- グラニュー糖 …………… 80 g
- 薄力粉 …………… 35 g
- 強力粉 …………… 35 g
- バター（無塩） …………… 15 g
- 牛乳 …………… 20 g

キャラメル
（ポンシュ、ババロア、ソース、デコレーション用）
- グラニュー糖 …………… 75 g
- 生クリーム（乳脂肪分35〜42％） …………… 50 g
- 水 …………… 10 g

ポンシュ
- 水 …………… 30 g
- グラニュー糖 …………… 15 g
- キャラメル …………… 18 g

ババロア
- 牛乳 …………… 105 g
- 卵黄 …………… 50 g（2〜3個分）
- グラニュー糖 …………… 50 g
- ゼライス …………… 5 g
- 水 …………… 30 g
- キャラメル …………… 50 g
- バニラエッセンス …………… 2〜3滴
- 生クリーム（乳脂肪分35〜42％） …………… 230 g

ソース
- 水 …………… 40 g
- グラニュー糖 …………… 10 g
- コーンスターチ …………… 3 g
- キャラメル …………… 10 g

デコレーション
- キャラメル …………… 10 g

CARAMEL 71

キャラメルのケーキ
CARAMEL / キャラメル

作り方

1 ジェノワーズを作る。
〔P20-21 参照〕

2 キャラメルを作る。

① 手付き鍋に生クリーム、水を入れ、弱火で 70 ～ 80℃にする。

② 銅鍋（厚手の鍋でも可）にグラニュー糖を入れてスプーンで混ぜながら、赤みが少し残るくらいに十分に焦がす。a

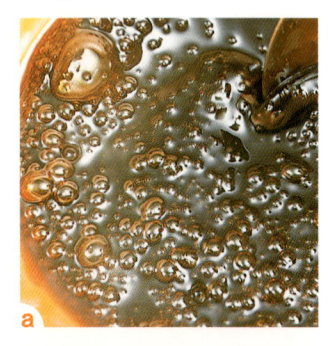

POINT

キャラメルの焦がし具合で、味わいは様々に変化します。何度か繰り返し作っていくうちに、焦がし具合と味わいの関係が理解できるようになるでしょう。そうなると、自分だけの深い味わいと個性のあるキャラメルのお菓子ができると思います。また、バニラエッセンスの香りが、さらにキャラメルのおいしさを引き立てます。

③ ホイッパーで混ぜながら、①を②に加え混ぜる。b
ポンシュ、ババロア、ソース、デコレーション用に分けておく。

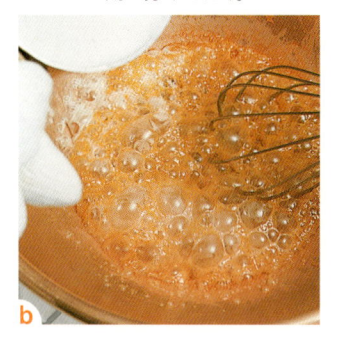

3 ポンシュを作る。
手付き鍋に水、グラニュー糖を入れ、軽く沸騰させて、キャラメルを加え混ぜる。

4 生地が冷めたら表面の焼き色を切り落とし、底を上にして厚さ1cmで2枚取り、直径 16 ㎝にする〔P24 オランジュ・写真 a 参照〕。刷毛で両面にポンシュを打つ。

5 1枚は型に入れて冷凍庫で、1枚はバットに入れて冷蔵庫で冷やしておく。

6 ババロアを作る。
〔P18-19 参照〕

① ゼライスは水にふやかしておく。

② 生クリームを8分に泡立てて冷蔵庫で冷やしておく。

③ 手付き鍋に牛乳を入れ、弱火で80℃にする。

④ ③を加熱している間に、耐熱性ガラスボウルに卵黄、グラニュー糖を入れ、〈直線反復〉で白っぽくなるまでよく混ぜる。

⑤ ③の1/3を④に3～4回に分けて加え、〈円〉でよく混ぜる。c

⑥ さらに手早く混ぜながら、③の残りを加える。d

⑦ クレーム・アングレーズを作る。
ごく弱火で⑥を加熱する。片手に温度計を持ち、〈底〉で混ぜながら、4〜5分かけて80℃にする。

⑧ 80℃になったらすぐに火からおろし、①を一度に加え、〈円〉でよく混ぜる。

⑨ ゼライスが溶けたら、キャラメルを加え混ぜ e、裏ごしする。

⑩ 氷水にあて、〈底〉で手早く混ぜながら40℃にする。

⑪ 氷水からはずして、バニラエッセンスを加え混ぜる。f
再度氷水にあて、〈底〉で手早く混ぜながら18℃にする。

⑫ ②を3回に分けて加え混ぜる。1回目はひとすくい加え、〈円〉と〈すくい上げ〉で手早く混ぜる。g

⑬ 2回目は残りの1/2を加え、〈すくい上げ〉で手早く混ぜる。h

⑭ だいたい混ざったら、残り全部を加え同様に混ぜる。

⑮ 十分に混ざったら、生クリームの入っていたボウルにゴムべらで移し替える。

⑯ ホイッパーを立て、〈円〉で10回ほど混ぜる。i

7 型にババロアの1/2を流し、平らにしてもう1枚の生地をおく。残りのババロアを流し、平らにして冷蔵庫で2時間冷やし固める。

8 ソースを作る。

手付き鍋に水、グラニュー糖、コーンスターチを入れ、10秒ほど軽く沸騰させて、キャラメルを加え混ぜ、十分に冷やしておく。

9 デコレーションする。

① 7が完全に固まったら、熱いタオルを巻いて型からはずし〔P25 オランジュ・写真 k 参照〕、刷毛で表面にキャラメルを塗る。j

② パレットナイフで表面にソースを塗る。k

できあがり！

CARAMEL 73

74 PRALIN

キャラメルとアーモンドをペースト状にしたプラリネには、
誰もが嬉しいおいしさを感じてしまいます。
香ばしさの中にスペインの豊かな土地の恵みが懐かしく、
暖かく溶け込んでいるからなのです。

プラリネのケーキ
PRALIN / プララン

材料　直径18cmのジェノワーズ型（底がはずれるタイプ）1台分

ジェノワーズ
- 全卵 ………… 110 g（約2個分）
- グラニュー糖 ………… 80 g
- 薄力粉 ………… 35 g
- 強力粉 ………… 35 g
- バター（無塩） ………… 15 g
- 牛乳 ………… 20 g

ポンシュ
- 水 ………… 40 g
- グラニュー糖 ………… 12 g
- プラリネアーモンド ………… 20 g

ババロア
- 牛乳 ………… 105 g
- 卵黄 ………… 50 g（2～3個分）
- グラニュー糖 ………… 30 g
- ゼライス ………… 5 g
- 水 ………… 30 g
- プラリネアーモンド ………… 50 g
- バニラエッセンス ………… 2～3滴
- 生クリーム（乳脂肪分35～42%） ………… 230 g

チュイール
- バター（無塩） ………… 25 g
- グラニュー糖 ………… 83 g
- 水 ………… 15 g
- 薄力粉 ………… 20 g
- 刻みアーモンド ………… 25 g

POINT
プラリネアーモンドの香りと味わいを高めるためには、良質のバニラエッセンスを使うことがポイントです。バニラの深い香りは、プラリネアーモンドの味わいをおどろくほどに引き立てます。

プラリネのケーキ
PRALIN / プララン

作り方

1 ジェノワーズを作る。
〔P20-21 参照〕

2 ポンシュを作る。
手付き鍋に水、グラニュー糖を入れ、軽く沸騰させて冷まし、プラリネアーモンドを加え混ぜる。

3 生地が冷めたら表面の焼き色を切り落とし、底を上にして厚さ1cmで2枚取り、直径16 cmにする〔P24 オランジュ・写真 a 参照〕。刷毛で両面にポンシュを打つ。

4 1枚は型に入れて冷凍庫で、1枚はバットに入れて冷蔵庫で冷やしておく。

5 ババロアを作る。
〔P18-19 参照〕
① ゼライスは水にふやかしておく。

② 生クリームを8分に泡立てて冷蔵庫で冷やしておく。

③ 手付き鍋に牛乳を入れ、弱火で80℃にする。

④ ③を加熱している間に、耐熱性ガラスボウルに卵黄、グラニュー糖を入れ、〈直線反復〉で白っぽくなるまでよく混ぜる。

⑤ ③の1/3を④に3〜4回に分けて加え、〈円〉でよく混ぜる。a

⑥ さらに手早く混ぜながら、③の残りを加える。

⑦ **クレーム・アングレーズを作る。**
ごく弱火で⑥を加熱する。片手に温度計を持ち、〈底〉で混ぜながら、4〜5分かけて80℃にする。

⑧ 80℃になったらすぐに火からおろし、①を一度に加え、〈円〉でよく混ぜる。

⑨ ゼライスが溶けたら、プラリネアーモンドを加え混ぜ b、裏ごしする。c

⑩ 氷水にあて、〈底〉で手早く混ぜながら40℃にする。

プラリネアーモンド
軽く焼いたアーモンドをキャラメルに加えて冷やし固め、ペースト状にひいたものです。

チュイール
フランス語で「瓦」という意味です。丸く薄く焼いたクッキーです。

⑪ 氷水からはずして、バニラエッセンスを加え混ぜる。再度氷水にあて、〈底〉で手早く混ぜながら18℃にする。

⑫ ②を3回に分けて加え混ぜる。1回目はひとすくい加え、〈円〉と〈すくい上げ〉で手早く混ぜる。

⑬ 2回目は残りの1/2を加え、〈すくい上げ〉で手早く混ぜる。d

⑭ だいたい混ざったら、残り全部を加え同様に混ぜる。

⑮ 十分に混ざったら、生クリームの入っていたボウルにゴムべらで移し替える。

⑯ ホイッパーを立て、〈円〉で10回ほど混ぜる。e

6 型にババロアの1/2を流し、平らにしてもう1枚の生地をおく。残りのババロアを流し、平らにして冷蔵庫で2時間冷やし固める。

7 チュイールを作る。

① バターを少し柔らかめにする。グラニュー糖を5回に分けて加え、ホイッパーでよく混ぜる。f
水を一度に加えよく混ぜる。

② 薄力粉、刻みアーモンドを加え混ぜる。g

③ オーブンの天板に少し柔らかめのバター（材料外）をたっぷり塗り、少しずつおく。h

④ 電子レンジオーブン／300℃で約4分、アーモンドに濃いめのキツネ色がつくまで焼く。i

8 チュイールが冷めたら、手で細かくする。j

9 デコレーションする。

6 が完全に固まったら、熱いタオルを巻いて型からはずし〔P25 オランジュ・写真k参照〕、表面にチュイールを飾る。k

できあがり！

PRALIN 77

BISCUIT À LA CUILLÈRE

基本の生地 ビスキュイ・ア・ラ・キュイエール

卵を卵黄と卵白に分けて別々に泡立てて、粉と混ぜた生地（別立ての生地）です。卵白は20℃くらいのところに2～3日置いて、おたまでもすくえるくらいにサラッと水様化したものを10℃以下に冷やして使います[P8 材料・卵]。ハンドミキサーを使って、空気をたくさん含んだ、つぶれにくいメレンゲを作ることがポイントです。

下準備

1 卵白は10℃に冷やしておく。

2 オーブンは予熱しておく。
　　電子レンジオーブン　200℃
　　ガス高速オーブン　　180℃

3 薄力粉、強力粉は一緒にふるっておく。

4 それぞれに記載してある大きさの紙、または角天板を用意しておく。

作り方

1 手付き中ボウルに卵黄、Ⓐグラニュー糖を入れ、ハンドミキサー、ビーター1本、速度3番で2分30秒泡立てる。

2 深大ボウルに卵白、Ⓑグラニュー糖を入れ、ハンドミキサー、ビーター2本、速度2番で2分、3番で2分泡立ててⒸグラニュー糖を加え、さらに1分泡立てる。

3 2に1を一度に加え、ハンドミキサーからはずしたビーター1本で、ゆっくりとうず巻き状に1回混ぜる[P12 ビーターで混ぜる]

4
粉は5回に分けて加える。1回目は大さじ2杯入れて、ゆっくりうず巻き状に混ぜる。半分くらい混ざったら2～3回目も同様に加え混ぜる。

5
全体がよく混ざるように、別のボウルにゴムべらでていねいに移し替える。4～5回目も同様に加え混ぜる。

6
5回目の粉がだいたい混ざったら、ゴムべらでボウルのまわりをきれいにする。ゆっくりうず巻き状に1回混ぜる。生地はすくって、ぽってりとしたふくらみを保っている状態にする。

7
絞り袋に直径10㎜の丸口金をつけて、生地を入れる。
円の紙を天板に敷き、紙から3㎝離してたらすように、中心から外に円に絞る。
粉糖をふる。

8
長方形の紙を天板に敷き、1本1本が離れないようにジグザグに絞る。粉糖をふり、オーブンで焼く。一度に焼けない場合は2回に分ける。
※正方形の場合も同様です。18㎝×18㎝の角天板を使う場合は、紙を敷いてその上に絞って下さい。
・電子レンジオーブン
　180℃／約12分
・ガス高速オーブン
　160℃／約12分
6分で上下段・奥手前を入れ替える。

9
生地の表面と底に薄い焼き色がついたらオーブンから出し、ケーキクーラーの上で冷ます。

BISCUIT À LA CUILLÈRE

WILLIAMS POIRE

洋梨のババロアは誰にでも
親しみが持てるおいしさに満ち溢れています。
優しくしっとりと両の頬にしみ渡るおいしさに、
思わず誰もが小さな声を上げてしまいます。

洋梨のケーキ
WILLIAMS POIRE
/ウィリアム・ポワール

材料　直径18cmのジェノワーズ型（底がはずれるタイプ）1台分

ビスキュイ・ア・ラ・キュイエール
- 卵黄 ……………… 60g（約3個分）
- Ⓐ グラニュー糖 …… 55g
- 卵白 ……………… 100g（3～4個分）
- Ⓑ グラニュー糖 …… 25g
- Ⓒ グラニュー糖 …… 20g
- 薄力粉 …………… 50g
- 強力粉 …………… 50g
- 粉糖 ……………… 適量

ポンシュ
- 水 ………………… 40g
- グラニュー糖 …… 12g
- 洋梨のリキュール … 16g

ババロア
- 洋梨の缶詰のシロップ … 215g
- 卵黄 ……………… 68g（3～4個分）
- グラニュー糖 …… 32g
- スキムミルク …… 9g
- ゼライス ………… 5g
- 水 ………………… 30g
- 洋梨のリキュール … 15g
- バニラエッセンス … 2～3滴
- 生クリーム（乳脂肪分35～42%） … 180g

ガルニチュール
- 洋梨（缶詰）半割り … 3～4個

ジュレ
- 水 ………………… 100g
- グラニュー糖 …… 20g
- コーンスターチ … 5g
- 洋梨のリキュール … 10g
- レモン汁 ………… 5g

デコレーション
- 洋梨（缶詰）半割り … 6個

POINT
洋梨の缶詰は、フランスやスペイン産のものが暖かくて豊かな味わいがあり、おすすめです。洋梨のリキュールはお酒の嫌いな人でも気にならないと思いますので、少しは加えてください。ずっとずっとおいしさが引き立ちます。

洋梨のケーキ
Williams Poire / ウィリアム・ポワール

下準備

1 紙を3枚用意して、10cm×18cmの長方形（側面用）を2枚、直径16cmの円（底用）を1枚描いておく。

2 ガルニチュール用の洋梨は厚さ5mmで縦に切り、冷蔵庫で冷やしておく。

3 デコレーション用の洋梨は厚さ5mmで横に切り、冷蔵庫で冷やしておく。

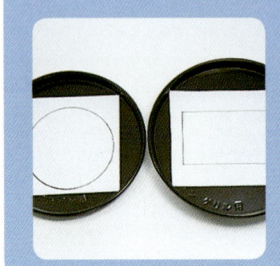

作り方

1 ビスキュイ・ア・ラ・キュイエールを作る。
〔P78-79 参照〕

2 ポンシュを作る。
手付き鍋に水、グラニュー糖を入れ、軽く沸騰させて冷まし、洋梨のリキュールを加え混ぜる。

3 生地が冷めたら、長方形の生地は絞り目に直角に半分に切り、丸形の生地は形を整える。**a**

刷毛で裏側にポンシュを打つ。**b**

4 長方形の生地は型の内側に、丸形の生地は底に入れて冷凍庫で冷やしておく。**c**

5 ババロアを作る。
〔P18-19 参照〕

① ゼライスは水にふやかしておく。

② 生クリームを8分に泡立てて冷蔵庫で冷やしておく。

③ 手付き鍋に洋梨の缶詰のシロップを入れ、弱火で80℃にする。

④ ③を加熱している間に、耐熱性ガラスボウルに卵黄、グラニュー糖を入れ、〈直線反復〉で白っぽくなるまでよく混ぜて、スキムミルクを加え混ぜる。

⑤ ③の1/3を④に3〜4回に分けて加え、〈円〉でよく混ぜる。d

⑥ さらに手早く混ぜながら、③の残りを加える。e

⑦ クレーム・アングレーズを作る。
ごく弱火で⑥を加熱する。片手に温度計を持ち、〈底〉で混ぜながら、4〜5分かけて80℃にする。

⑧ 80℃になったらすぐに火からおろし、①を一度に加え、〈円〉でよく混ぜる。

⑨ ゼライスが溶けたら裏ごしする。

⑩ 氷水にあて、〈底〉で手早く混ぜながら40℃にする。

⑪ 氷水からはずして、洋梨のリキュール、バニラエッセンスを加え混ぜる。再度氷水にあて、〈底〉で手早く混ぜながら18℃にする。

⑫ ②を3回に分けて加え混ぜる。1回目はひとすくい加え、〈円〉と〈すくい上げ〉で手早く混ぜる。

⑬ 2回目は残りの1/2を加え、〈すくい上げ〉で手早く混ぜる。f

⑭ だいたい混ざったら、残り全部を加え同様に混ぜる。

⑮ 十分に混ざったら、生クリームの入っていたボウルにゴムべらで移し替える。

⑯ ホイッパーを立て、〈円〉で10回ほど混ぜる。g

6 型にババロアの1/3を流し、平らにしてガルニチュール用の洋梨の1/2を並べる。残りのババロアの1/2を流し同様にする。h
残り全部を流し、平らにして冷蔵庫で2時間冷やし固める。

7 ジュレを作る。

手付き鍋に水、グラニュー糖、コーンスターチを入れ、10秒ほど沸騰させて冷ます。洋梨のリキュール、レモン汁を加え混ぜ、十分に冷やしておく。i

8 デコレーションする。

① 6が完全に固まったら、型からはずし、パレットナイフで表面に洋梨を飾る。j

② 刷毛で洋梨の表面にジュレを塗る。k

できあがり!

私たちは抹茶にはとても淡いものというイメージを持っています。
でも、このお菓子は淡さだけではありません。
少しだけ凛とした深い味わいが舌を包みます。

抹茶のケーキ
THÉ VERT /テ・ヴェール

材料　直径18cmのジェノワーズ型（底がはずれるタイプ）1台分

ビスキュイ・ア・ラ・キュイエール
- 卵黄　　　　　36 g（約1〜2個分）
- Ⓐグラニュー糖　　33 g
- 卵白　　　　　60 g（2個分）
- Ⓑグラニュー糖　　15 g
- Ⓒグラニュー糖　　12 g
- 抹茶　　　　　5 g
- 水　　　　　　10 g
- 薄力粉　　　　30 g
- 強力粉　　　　30 g
- 粉糖　　　　　適量

ポンシュ
- 水　　　　　　25 g
- グラニュー糖　　8 g
- キルシュ　　　　8 g

ババロア
- 牛乳　　　　　105 g
- 卵黄　　　　　50 g（2〜3個分）
- グラニュー糖　　55 g
- ゼライス　　　　5 g
- 水　　　　　　30 g
- 抹茶　　　　　10 g
- 水　　　　　　23 g
- バニラエッセンス　2〜3滴
- 生クリーム（乳脂肪分35〜42%）　230 g

クレーム
- 生クリーム（乳脂肪分35〜42%）　60 g
- グラニュー糖　　18 g
- 抹茶　　　　　8 g
- 水　　　　　　19 g

デコレーション
- 生クリーム（乳脂肪分35〜42%）　40 g
- グラニュー糖　　7 g
- 抹茶　　　　　3つまみ

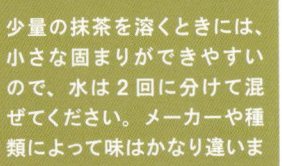

POINT
少量の抹茶を溶くときには、小さな固まりができやすいので、水は2回に分けて混ぜてください。メーカーや種類によって味はかなり違います。香りの強いものを選んでください。

THÉ VERT 85

抹茶のケーキ
THÉ VERT / テ・ヴェール

下準備

1 紙を2枚用意して、10cm×18cmの長方形（側面用）を1枚、直径16cmの円（底用）を1枚描いておく。

2 ビスキュイ・ア・ラ・キュイエール、ババロア、クレーム用の抹茶は水の2/3で溶き、溶けたら残りの水を加え混ぜる。

作り方

1 ビスキュイ・ア・ラ・キュイエールを作る。
〔P78-79 参照〕
作り方3のときに水で溶いた抹茶を加え混ぜる。

2 ポンシュを作る。
手付き鍋に水、グラニュー糖を入れ、軽く沸騰させて冷まし、キルシュを加え混ぜる。

3 生地が冷めたら、長方形の生地は絞り目に直角に3cm幅で3本切り、丸形の生地は形を整える。**a**

刷毛で裏側にポンシュを打つ。**b**

4 長方形の生地は型の内側に、丸形の生地は底に入れて冷凍庫で冷やしておく。**c**

5 ババロアを作る。
〔P18-19 参照〕

① ゼライスは水にふやかしておく。

② 生クリームを8分に泡立てて冷蔵庫で冷やしておく。

③ 手付き鍋に牛乳を入れ、弱火で80℃にする。

④ ③を加熱している間に、耐熱性ガラスボウルに卵黄、グラニュー糖を入れ、〈直線反復〉で白っぽくなるまでよく混ぜる。

⑤ ③の1/3を④に3～4回に分けて加え、〈円〉でよく混ぜる。

⑥ さらに手早く混ぜながら、③の残りを加える。d

⑦ クレーム・アングレーズを作る。
ごく弱火で⑥を加熱する。片手に温度計を持ち、〈底〉で混ぜながら、4〜5分かけて80℃にする。

⑧ 80℃になったらすぐに火からおろし、①を一度に加え、〈円〉でよく混ぜる。

⑨ ゼライスが溶けたら、水で溶いた抹茶を加え混ぜ、裏ごしする。e

⑩ 氷水にあて、〈底〉で手早く混ぜながら40℃にする。

⑪ 氷水からはずして、バニラエッセンスを加え混ぜる。再度氷水にあて、〈底〉で手早く混ぜながら18℃にする。

⑫ ②を3回に分けて加え混ぜる。1回目はひとすくい加え、〈円〉と〈すくい上げ〉で手早く混ぜる。

⑬ 2回目は残りの1/2を加え、〈すくい上げ〉で手早く混ぜる。f

⑭ だいたい混ざったら、残り全部を加え同様に混ぜる。

⑮ 十分に混ざったら、生クリームの入っていたボウルにゴムべらで移し替える。

⑯ ホイッパーを立て、〈円〉で10回ほど混ぜる。g

6 型にババロアを全部流し、平らにして冷蔵庫で2時間冷やし固める。

7 クレームを作る。
生クリームを少しとろみがつくくらいに泡立てて、グラニュー糖、水で溶いた抹茶を加え混ぜ、冷やしておく。h

8 デコレーションする。

① 6が完全に固まったら、熱いタオルを巻いて型からはずし〔**P25 オランジュ・写真k参照**〕、パレットナイフで表面にクレームを塗り、冷蔵庫で冷やしておく。i

② 生クリームを少しとろみがつくくらいに泡立てて、グラニュー糖、抹茶を加え混ぜる。コルネ〔**P49 カシス・コルネの作り方参照**〕に入れて先端を直径1mmに切り、表面に絞る。j

③ 竹串で模様をつける。k

できあがり！

THÉ VERT

MANGUES

心いっぱいに太陽の思いを詰めた、
ピンとした芯のあるおいしさです。
力強く清々しく心に話しかけてくる、
そんな人なつっこいマンゴーです。

マンゴーのケーキ
MANGUES / マングー

材料　直径18cmのジェノワーズ型（底がはずれるタイプ）1台分

ビスキュイ・ア・ラ・キュイエール
- 卵黄 ……………… 60g（約3個分）
- Ⓐ グラニュー糖 …… 55g
- 卵白 ……………… 100g（3〜4個分）
- Ⓑ グラニュー糖 …… 25g
- Ⓒ グラニュー糖 …… 20g
- 薄力粉 …………… 50g
- 強力粉 …………… 50g
- 粉糖 ……………… 適量
- ココナッツファイン …… 15g

ポンシュ
- 水 ………………… 16g
- グラニュー糖 …… 20g
- マンゴーピューレ …… 84g
- ホワイトラム …… 4g
- レモン汁 ………… 6g

ババロア
- マンゴーピューレ …… 135g
- 卵黄 ……………… 45g（2〜3個分）
- グラニュー糖 …… 45g
- スキムミルク …… 9g
- ゼライス ………… 5g
- 水 ………………… 30g
- ホワイトラム …… 18g
- レモン汁 ………… 23g
- バニラエッセンス …… 8〜9滴
- 生クリーム（乳脂肪分35〜42％）
  ………………… 135g
- マンゴーピューレ …… 13g

ジュレ
- マンゴーピューレ …… 100g
- グラニュー糖 …… 10g
- 水 ………………… 20g
- コーンスターチ …… 4g
- ホワイトラム …… 2g
- レモン汁 ………… 3g

POINT
ババロアに加えるマンゴーピューレを2度に分けると、マンゴーの香りがよりいっそう引き立ちます。

マンゴーのケーキ
MANGUES / マングー

下準備

1. 紙を3枚用意して、10cm×18cmの長方形（側面用）を1枚、直径16cmの円（底用・中用）を2枚描いておく。

作り方

1 ビスキュイ・ア・ラ・キュイエールを作る。
〔P78-79 参照〕

作り方7、8のときに粉糖→ココナッツファイン→粉糖の順にをふりかけて焼く。**a**

2 ポンシュを作る。

手付き鍋に水、グラニュー糖を入れ、軽く沸騰させて冷まし、マンゴーピューレ、ホワイトラム、レモン汁を加え混ぜる。

3 生地が冷めたら、長方形の生地は絞り目に直角に3cm幅で3本切り、丸形の生地は形を整える。側面用と底用の生地は裏側に、中用は両面に刷毛でポンシュを打つ。**b**

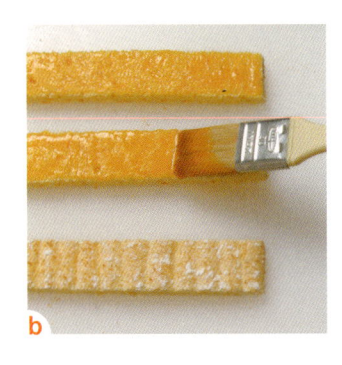

4 型の側面と底に生地を入れ冷凍庫で冷やしておく。**c** 中用の生地はバットに入れて冷蔵庫で冷やしておく。

5 ババロアを作る。
〔P18-19 参照〕

① ゼライスは水にふやかしておく。

② 生クリームを8分に泡立てて冷蔵庫で冷やしておく。

③ 手付き鍋にマンゴーピューレ135gを入れ、弱火で80℃にする。

④ ③を加熱している間に、耐熱性ガラスボウルに卵黄、グラニュー糖を入れ、〈直線反復〉で白っぽくなるまでよく混ぜて、スキムミルクを加え混ぜる。

⑤ ③の1/3を④に3～4回に分けて加え、〈円〉でよく混ぜる。**d**

⑥ さらに手早く混ぜながら、③の残りを加える。

⑦ クレーム・アングレーズを作る。
ごく弱火で⑥を加熱する。片手に温度計を持ち、〈底〉で混ぜながら、4～5分かけて80℃にする。

⑧ 80℃になったらすぐに火からおろし、①を一度に加え、〈円〉でよく混ぜる。

⑨ ゼライスが溶けたら裏ごしする。**e**

⑩ 氷水にあて、〈底〉で手早く混ぜながら40℃にする。

⑪ 氷水からはずして、ホワイトラム、レモン汁、バニラエッセンスを加え混ぜる。再度氷水にあて、〈底〉で手早く混ぜながら18℃にする。

⑫ ②を3回に分けて加え混ぜる。1回目はひとすくい加え、〈円〉と〈すくい上げ〉で手早く混ぜる。**f**

⑬ 2回目は残りの1/2を加え、〈すくい上げ〉で手早く混ぜる。

⑭ だいたい混ざったら、残り全部の生クリームとマンゴーピューレ13gを加え同様に混ぜる。**g**

⑮ 十分に混ざったら、生クリームの入っていたボウルにゴムべらで移し替える。

⑯ ホイッパーを立て、〈円〉で10回ほど混ぜる。**h**

6 型にババロアの1/2を流し、平らにして中用の生地をおく。残りのババロアを流し、平らにして冷蔵庫で2時間冷やし固める。

7 ジュレを作る。

手付き鍋にマンゴーピューレ、グラニュー糖、水、コーンスターチを入れ、10秒ほど沸騰させて冷ます。ホワイトラム、レモン汁を加え混ぜ、十分に冷やしておく。**i**

8 デコレーションする。

6が完全に固まったら、熱いタオルを巻いて型からはずし〔**P25 オランジュ・写真 k 参照**〕、パレットナイフで表面にジュレを塗る。**j**

できあがり！

MANGUES 91

クリスマスにふさわしい、
清々しくシックなおいしさのビュッシュ・ドゥ・ノエルです。
口に運べば聖夜への思いが優しく皆の顔を包みます。

シャンパンのケーキ

BÛCHE AU CHAMPAGNE

ビュッシュ・オ・シャンパーニュ

材 料
長さ24.5cm・幅7.5cm・
高さ5.5cmのトヨ型2台分

ビスキュイ・ア・ラ・キュイエールは1台分（18cm×18cmの角天板2枚分）の分量を記載しています。
※家庭用オーブンの場合は、1台分ずつ2回に分けて作り、焼くとよいでしょう。
※角天板（18cm×18cm）4枚が同時に入るオーブンをお持ちの方は、2倍量を一度に作る事もできます。

ビスキュイ・ア・ラ・キュイエール

卵黄	60 g（約3個分）
Ⓐグラニュー糖	55 g
卵白	100 g（3〜4個分）
Ⓑグラニュー糖	25 g
Ⓒグラニュー糖	20 g
薄力粉	50 g
強力粉	50 g
粉糖	適量

ポンシュ、ババロア、クレームは **2台分の分量を**記載しています。

※微量計をお持ちの方は、ゼライスを2.5gに、その他の材料も全て半量で計量すれば、1台分で作る事もできます。

ポンシュ

シャンパン	115 g
白ワイン	50 g
グラニュー糖	16 g
⎰ レモンの皮	1½ 個分
⎱ グラニュー糖	適量

ババロア

シャンパン	110 g
白ワイン	80 g
⎰ 卵黄	70 g（3～4個分）
⎱ グラニュー糖	120 g
⎰ ゼライス	5 g
⎱ 水	30 g
レモン汁	20 g
生クリーム（乳脂肪分35～42%）	240 g

クレーム

生クリーム（乳脂肪分35～42%）	450 g
ホワイトチョコレート	144 g
シャンパン	23 g

BÛCHE AU CHAMPAGNE

シャンパンのケーキ
BÛCHE AU CHAMPAGNE / ビュッシュ・オ・シャンパーニュ

下準備

1. 絞り袋に平口金をつけて、冷蔵庫で冷やしておく。
2. 18cm×18cmの角天板を2枚用意する。ない場合は18cm×18cmの正方形を2枚紙に描いておく。

作り方

1 ビスキュイ・ア・ラ・キュイエールを作る。
〔P78-79 参照〕

2 ポンシュを作る。

① レモンの皮をすりおろす。香りを出すために、プラスチックの板の上でグラニュー糖と合わせて、パレットナイフですり潰す。

② シャンパン、白ワイン、グラニュー糖を合わせたものに、①を加え混ぜる。a

3 生地が冷めたら1枚を18cm×14cmに切り（A）、もう1枚は6.5cm×14cmに切る（A'）。残りの生地を幅4cmで長さ24.5cm分（B）、幅2cm×18cm（C）（D）にそれぞれ切る。b
※2倍量で作る場合は同じようにもう1組分切る
刷毛で裏にポンシュを打つ。

4 紙に（A）と（A'）の生地をのせ、紙ごと生地をトヨ型の中に敷きこみ c、冷凍庫で冷やしておく。他はバットに入れて冷蔵庫で冷やしておく。

5 ババロアを作る。
〔P18-19 参照〕

① ゼライスは水にふやかしておく。

② 生クリームを8分に泡立てて冷蔵庫で冷やしておく。

③ 耐熱性ガラスボウルに卵黄、グラニュー糖を入れ、〈直線反復〉で白っぽくなるまでよく混ぜる。

④ シャンパンと白ワインを加熱しないで冷たいまま、③に少しずつ加え、〈円〉でよく混ぜる。d

⑤ クレーム・アングレーズを作る。ごく弱火で④を加熱する。片手に温度計を持ち、〈底〉で混ぜながら、4〜5分かけて80℃にする。

⑥ 80℃になったらすぐに火からおろし、①を一度に加え、〈円〉でよく混ぜる。

ババロアが余ったら…

ガラス容器などに入れ、冷やし固めて生クリームなどを絞ってもおいしくいただけます。

⑦ ゼライスが溶けたら裏ごしする。**e**

⑧ 氷水にあて、〈底〉で手早く混ぜながら40℃にする。

⑨ 氷水からはずして、レモン汁を加え混ぜる。再度氷水にあて、〈底〉で手早く混ぜながら18℃にする。

⑩ ②を3回に分けて加え混ぜる。1回目はひとすくい加え、〈円〉と〈すくい上げ〉で手早く混ぜる。

⑪ 2回目は残りの1/2を加え、〈すくい上げ〉で手早く混ぜる。**f**

⑫ だいたい混ざったら、残り全部を加え同様に混ぜる。

⑬ 十分に混ざったら、生クリームの入っていたボウルにゴムべらで移し替える。

⑭ ホイッパーを立て、〈円〉で10回ほど混ぜる。**g**

6 型に適量のババロアを流し入れ、平らにしてから(B)の生地を焼き面を上にしておき、冷蔵庫で2時間冷やし固める。

7 クレームを作る。

① 生クリームを8分立てにし、10℃になるように調整しておく。

② ホワイトチョコレートを40〜50℃の湯煎で溶かす。完全に溶けたら、湯煎の温度を上げてホワイトチョコレートを80℃にする。**h**

③ ①にシャンパンを加え混ぜ、さらに②を加えながら〈円〉と〈すくい上げ〉で手早く混ぜる。

8 デコレーションする。

① 6が完全に固まったら、生地をくずさないように型からはずす。

② (C)、(D)を焼き面を下にしておき、それぞれにクレームを絞って巻き、切り株をつくり **i**、バランスよくのせる。

③ 絞り袋にクレームを入れて、口金の波型の面を上にして表面に絞り **j**、フォークをぬるま湯につけながら、模様をつける。**k**

④ お好みで雰囲気を盛り上げるかわいい小物を飾る。

できあがり！

POINT

ほんの少し常温にもどして食べた方が、ホワイトチョコレートのクレームの風味が引き立ちます。

おすすめ材料一覧

材料は生産者によって、香りや味にかなりの違いがあります。よい材料さえ見つかれば技術面もカバーされるので、徐々に揃えていくとよいでしょう。ここでは、本書で使用し、弊社営業部、直営店エピスリーで購入できる材料をご紹介します。
〔詳しいお問い合わせ・ご注文先は P102-103 をご覧下さい〕

酒類

フランボワーズ・リキュール
LIQUEUR DE FRAMBOISE
豊かな大地で作られた香り高く、味わい深い逸品です。

カシス・リキュール
CRÈME DE CASSIS
本物のカシスには、力強く混沌とした香りと味わいがあります。

アプリコット・リキュール
LIQUEUR D'ABRICOT
自然の恵みがしっかりと詰まっています。杏の酸味と甘みが楽しめます。

酒造元：ジョアネ社（フランス ブルゴーニュ） 自家栽培したフルーツを使って自家製造。

J.B. ホワイトラム
J.B.OVERPROOF RUM
2年間じっくりと熟成させたものです。少しお菓子に加えるだけで、南国の太陽のような芯のある深い香りが楽しめます。

酒造元：ザ・ラム・カンパニー社（ジャマイカ キングストン）

オレンジ・リキュール
LIQUEUR À L'ORANGE
イスラエル産のビターオレンジの皮を使っています。清々しいオレンジの香りをしっかりと持っている逸品です。40°と60°があります。

ポワール・ウィリアムス
EAU DE VIE POIRE WILLIAMS
最上級品の贅沢な香りと味が楽しめます。

酒造元：ルゴル社（フランス アルザス）
ヴィレ渓谷にある蒸留専門業者。豊富なフルーツの原料を厳選し自家製造。

チョコレート類、ナッツ類

ココアパウダー
POUDRE DE CACAO
とても深くて長い豊かな香りを持ち、
お菓子の味わいをより印象深くしてくれます。

**クーベルチュール・
アメール・オール**
COUVERTURE AMER OR
カカオ分 66%。豊かで上品な味わい、香り
は正にオール（金）の趣があります。

ショコラ・イヴォワール
CHOCOLAT IVOIRE
カカオ分 31%。フランス産の滋味深い全脂
粉乳のみを使ったホワイトチョコレートです。

プラリネ・アマンドゥ
PRALINÉ AMANDES
手作りで少量ずつ、丹精込めて作られた本物
のプラリネアーモンドです。

製造元：ペック社（フランス ル・ペック）　最高の素材を厳選して、豊かな香りと味わいを提供する優れた製造業者。

冷蔵フルーツピューレ

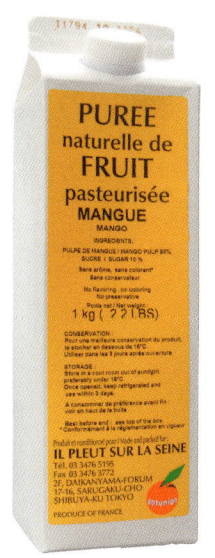

マングー
MANGUE
コート・ジボワールとインド産のマンゴーを使用した、
力強い味わいの残るピューレです。

製造元：アプチュニオン社（フランス アネイロン）　フランス南部・ローヌ渓谷にある果樹園で自然の力で育てられた最良のフルーツを厳選し製造。

IL PLEUT SUR LA SEINE
イル・プルー・シュル・ラ・セーヌ

イル・プルー・シュル・ラ・セーヌは、フランス菓子を
「作る」「教える」「伝える」「素材の開拓」の
〝4つの柱〟で支えあいながら、
皆様に4つのサービスと情報を発信しています。

La maison d'édition
イル・プルー・シュル・ラ・セーヌ企画の本

初・中級者向けお菓子のレシピ本のご紹介

代官山『イル・プルー・シュル・ラ・セーヌ』が創る
新シフォンケーキ 心躍るおいしさ
- 人気講習会から選りすぐった22のレシピ -

メレンゲをほぼ混ぜ終わったあとに粉を加え、オリジナル器具エキュモワールで混ぜる新食感のシフォンケーキレシピ。プレーンのシフォンをベースに、フルーツ、和風、香り、さらには塩味まで豊かなバリエーションが楽しめます。

弓田亨／深堀紀子　共著
ISBN978-4-901490-15-3　A4変型判　96頁　定価：本体2,500円

嘘と迷信のないフランス菓子教室
一人で学べる
イル・プルーのパウンドケーキ　おいしさ変幻自在

代官山のパティスリー『イル・プルー・シュル・ラ・セーヌ』の歴史を彩ってきた、数々のパウンドケーキのレシピがぎっしり詰まっています。杏、いちじく、りんごとキャラメル…、パティスリーに負けないおいしさを自分の手で作ってみませんか？

弓田亨／椎名眞知子　共著
ISBN978-4-901490-20-7　AB判　120頁　定価：本体2,500円

イル・プルーのはじめてみよう1・2・3
一年中いつでもおいしい　いろんな冷たいデザート

アイスクリーム、シャーベット、パフェにプリン。ちょっと素材にこだわって、いつもより少しだけ丁寧に作れば、出来合いのものでは味わえない、出来たてのおいしさの感動があります。通常のイル・プルーのレシピよりも「おうちで手軽に作れるように」と考えられたレシピで初心者の方もさらなるおいしさに出会いたい方にもお勧めです。

椎名眞知子／深堀紀子　共著
ISBN978-4-901490-21-4　A4変型判　120頁　定価：本体1,800円

その他、プロ向けフランス菓子、フランス料理、健康のための家庭料理の本なども取り揃えております。紀伊國屋書店、丸善、ジュンク堂書店他、全国有名書店にてお買い求めいただけます。詳しくはインターネット、もしくは出版部にお問合せください。

〔お菓子屋さんが出版社〕イル・プルー・シュル・ラ・セーヌ企画　出版部
〒150-0021　東京都渋谷区恵比寿西1-16-8　彰和ビル2F
TEL.03-3476-5214　FAX.03-3476-3772　http://www.ilpleut.co.jp
インターネット通信販売「楽天市場」でも取り扱い中　http://www.rakuten.co.jp/ilpleut/

紀伊國屋書店他
全国有名書店にて
好評発売中！

IL PLEUT SUR LA SEINE

感動と喜びのフランス菓子を伝え続けてきた

La Pâtisserie IL PLEUT SUR LA SEINE

パティスリー　イル・プルー・シュル・ラ・セーヌ

私どもの心からの自慢は、食べる人に感動と喜びを与えて、
大のお菓子嫌いの男性をもとりこにする、孤高のおいしさです。

本当のフランス菓子を届けたくて

代官山「パティスリー　イル・プルー・シュル・ラ・セーヌ」は、フランスとは環境も材料の質も異なる日本で、オーナーパティシエ弓田亨自らが選び抜いたこだわりの材料を使い、独自の技術体系により美味孤高の思いのもとに、日本のどこにもないフランスの味を目指してきました。

季節ごとに顔ぶれのかわる、素材の組み合わせが楽しいオリジナルの生菓子から、大切な方への贈り物やブライダルギフトにも最適な焼き菓子など、バラエティ豊かな品揃えです。

Salon de thé
サロン・ド・テ

イートインスペースでは、店内でしか食べられない限定のお菓子、ブランマンジェやソルベなど自慢のデザートの他、トレトゥール（お惣菜）ランチがあります。代官山旧山手通りの隠れ家的なロケーションの中で、ここだけの味をご堪能いただけます。
（写真：トゥランシュ・シャンプノワーズ）

焼き菓子もすべて奥の厨房で手作り

黒糖とくるみのクッキー「ギャレットゥ・ノワ」（写真）や、開店当初からの人気商品「五彩のダックワーズ」、雑誌でも話題の「塩味のクッキー」など、贈られた人に幸せを約束するギフトを取り揃えております。

フランス菓子製造販売　パティスリー　イル・プルー・シュル・ラ・セーヌ

〒150-0033　東京都渋谷区猿楽町 17-16　代官山フォーラム 2F
TEL.03-3476-5211　FAX.03-3476-5212
営業時間 11:30 ～ 19:30　定休日　火曜（祝日の場合は翌日振替）
焼き菓子やギフトのご注文はインターネットでも受付中　http://www.ilpleut.co.jp/

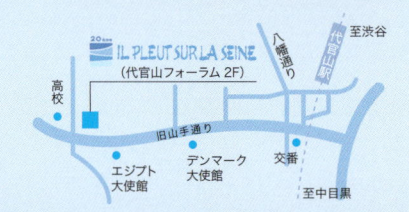

プロさえも不可能な味わいを伝えてきました

イル・プルー・シュル・ラ・セーヌ

嘘と迷信のないフランス菓子・料理教室
〔1988年より開講〕

私たちは家庭やレストランなどの少量のお菓子作りに
常に真実の技術と味わいを求め続けてきました。

　この教室の特徴は、18年余（2006年現在）にわたる生徒さんたちとの実践の中で、教える技術が築かれてきたことです。私たちの技術は、上手な、あるいは器用な人たちのためのものではありません。初心者やとても不器用な方々を基準として積み上げられてきた技術です。ですから、ちょっとの意欲があれば確実に短期間で驚くほどのおいしいお菓子が作れるようになります。そして半年もすれば、多くの方が、もう自分がつくるお菓子とイル・プルー・シュル・ラ・セーヌ以外のお菓子を食べられなくなってしまいます。教室に入る前までは、あれほどおいしいと思っていた他のお菓子が食べられなくなります。イル・プルー・シュル・ラ・セーヌは、嘘や偽りのない、そんな教室です。

弓田亨　椎名眞知子

フランス菓子本科第1クール
全40回 112品目
◆
1回の授業で2〜3台のアントルメを丸ごとお一人で作っていただきます。ご自分で工程のすべてを体感していただきます。第1クール修了者は上級コースでさらに技術を磨くことができます。

楽しく洋菓子科（旧：入門速成科）
全20回 27品目
◆
まったくの初心者の方でも簡単にショートケーキやモンブランが作れるように指導します。本科同様作ったお菓子はお持ち帰りいただけます。

フランス料理
全20回
◆
フランスと日本の素材の違いをふまえながら、フランス料理の基本となる調理方法やソースの作り方を丁寧に指導。手間を惜しまない本格的なフランス料理が学べます。

この他、短期講習会や1日体験入学、無料見学なども随時受け付けております。

イル・プルー・シュル・ラ・セーヌ　嘘と迷信のないフランス菓子・料理教室

〒150-0033　東京都渋谷区猿楽町17-16　代官山フォーラム2F
TEL.03-3476-5196　FAX.03-3476-5197
http://www.ilpleut.co.jp/

菓子職人の目で選んだこだわりの素材を世界から

Le commerce extérieur
製菓材料輸入販売

オーナーパティシエ　弓田亨自らが毎年フランス、スペインなどを回り、味に誠実なメーカーとの家庭的な付き合いを通じて選んだこだわりの素材を輸入販売。本物のもつしっかりとした香りと味は、お菓子の味を一段と引きたてます。

ヨーロッパから直輸入している製菓材料一例
1. フランス産ハチミツ　2. ドライアプリコット　3. クーベルチュール・スーパー・ゲアキル　4. リキュール類　5. アーモンド

お菓子作りに関わるエキスパートとして

イル・プルーの製菓技術と知識をもった営業スタッフが、日本全国どこへでも伺います。新しいお菓子の開発や提案、スタッフの育成など、「もっとおいしいお菓子を作りたい」皆様のご要望にお応えします。

私どもがまったく無の状態からヨーロッパの秀逸な素材を捜し始めたのが、1994年のことです。多くのお菓子屋さんのご支持のおかげで、取扱商品もかなり豊富になりました。私どもが集めてまいりました素材の多くは、私のお菓子づくり人生のすべての経験と知識、そして執念をもって現地に足を運び捜したものであり、その味わいの豊かさは、正に抜きんでたものであると自負しております。とりわけ、スペイン、フランスのものが著しく豊かな味わいです。
私どもは、菓子屋が始めた菓子屋の視点をもった素材屋という原点は忘れずに活動していこうと考えております。

イル・プルー・シュル・ラ・セーヌ　代表　弓田亨

イル・プルー・シュル・ラ・セーヌ企画　輸入販売部
〒150-0021　東京都渋谷区恵比寿西1-16-8　彰和ビル2F
製菓材料のご注文・カタログのご請求・お問い合わせ　TEL.03-3476-5195　FAX.03-3476-3772　http://www.ilpleut.co.jp
インターネット通信販売「楽天市場」でも取り扱い中　http://www.rakuten.co.jp/ilpleut/

L'ÉPICERIE IL PLEUT SUR LA SEINE
エピスリー　イル・プルー・シュル・ラ・セーヌ

2009年より恵比寿から代官山に移転。
より便利になった、弓田亨の五感が選ぶ素材と器具の店。

心と身体がよろこぶ、本当のおいしさに出会える

これまで以上に、パティスリー、教室と連動し、弓田亨が考える「本当においしい素材」を手にとって確かめて購入出来る店として2009年秋に代官山教室内に移転。再スタートしました。これまで通りイル・プルーのお菓子作りに必要な、弓田亨が厳選して集めた秀逸な素材を実際に手に取り、確かめて購入出来る他、弓田亨が近年力を入れている日本の家庭料理「ごはんとおかずのルネサンス」関連の材料として、いりこや味噌なども取り揃えています。イル・プルーのお菓子作り、ルネサンスごはんを始めるお手伝いをいたします。

直輸入のリキュール（左）とハチミツ（右）。

弓田亨が選んだ素材の店　エピスリー　イル・プルー・シュル・ラ・セーヌ

〒150-0033　東京都渋谷区猿楽町17-16　代官山フォーラム 2F
TEL.03-3476-5160　FAX.03-3476-5159
営業時間 11:30〜19:30　定休日　火曜（祝日の場合は翌日振替）

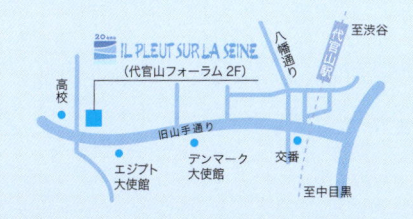

嘘と迷信のないフランス菓子教室
**一人で学べる
とびきりのおいしさのババロアズ**

著者　弓田亨／椎名眞知子

2006年6月29日　第1刷発行
2013年2月1日　第2刷発行

発行者　弓田亨
発行所　株式会社イル・プルー・シュル・ラ・セーヌ企画
〒150-0033
東京都渋谷区猿楽町17-16　代官山フォーラム2F
http://www.ilpleut.co.jp

印刷・製本　中央精版印刷株式会社

書籍に関するお問合わせは出版部まで。
〒150-0021
東京都渋谷区恵比寿西1-16-8　彰和ビル2F
TEL：03-3476-5214　／　FAX：03-3476-3772

本書の内容を無断で転載・複製することを禁じます。
落丁本・乱丁本はお取替えいたします。

Copyright ©2006 Il Pleut Sur La Seine Kikaku. Co., Ltd.
Printed in Japan

菓子製作　吉川和男〔流用分〕

撮影　松原敬子〔新規分〕
　　　久保田光一〔流用分〕

デザイン・イラスト
　　　小林直子 (umlaut)

調理アシスタント
　　　渡部芽久美
　　　丹後ひとみ
　　　櫻井愛
　　　中村絵梨奈
　　　津曲香里
　　　齋藤望

編集　中村方映
　　　工藤和子